AF389878

LA BOURSE DE LYON

Lyon.—Imprimerie d'Aimé VINGTRINIER, quai St-Antoine, 36.

LA
BOURSE DE LYON

SPÉCULATIONS, CONSEILS ET ANECDOTES

PAR

G. DE MÉRICLET

Huitième d'agent de change, auteur de la Bourse de Paris,
ouvrage à sa 4ᵉ édition.

PARIS

E. DENTU, LIBRAIRE-ÉDITEUR

Palais-Royal, Galerie d'Orléans, 13.

1859

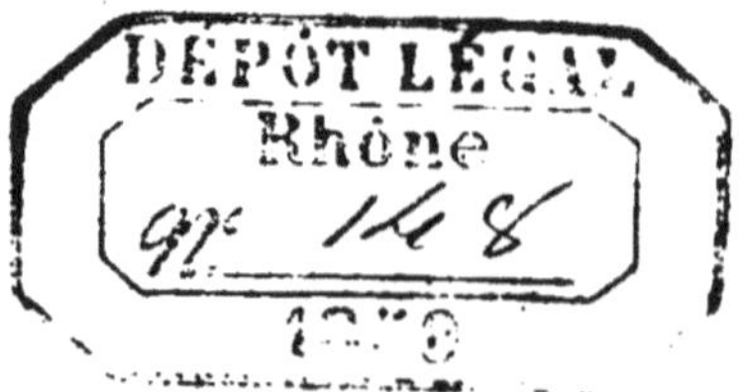

BIBLIOTHÈQUE IMPR.

DÉPÔT LÉGAL
Rhône

PRÉFACE.

On a publié de nombreux ouvrages sur la Bourse de Paris, je ne sache pas qu'on ait rien publié sur la Bourse de Lyon, elle est cependant dans des conditions qui doivent exciter le plus haut intérêt. Si la Bourse de Paris est la souveraine incontestée des diverses Bourses de la France, celle de Lyon tient à son tour le second rang. Mon but, en publiant ce livre, est de rendre un hommage à ma ville natale. La ville de Lyon est en pleine renaissance, elle se rajeunit chaque jour. De nouvelles rues remplacent de vieux quartiers, elle bâtit de magnifiques palais, elle restaure ses monuments ; en attendant les historiens,

voici venir les chroniqueurs. C'est un honneur
pour nous d'être le premier à proclamer ses
magnificences nouvelles. Les chroniques de
la Bourse c'est la vie des temps modernes. Ce
besoin du moment n'est peut-être pas bien
réfléchi, il a besoin de réformes, il tente
constamment le mal, mais on ne pourrait y
renoncer sans troubler les plus grands intérêts
de la société. Je me hâte pourtant de proclamer que je n'ai pas l'intention de retracer le
côté sérieux de cette question. Ce livre est un
simple aperçu sur les abus qu'on trouve toujours dans ce monde éternel des affaires, c'est
un enseignement sur les moyens de se garantir des chances fâcheuses de la spéculation,
c'est la revue des valeurs qui se négocient sur
ce marché.

Enfin comme ces sortes d'ouvrages sont
écrits avec des chiffres plutôt qu'avec des mots;
à des chapitres qui ont toute la gravité d'un
compte de liquidation, j'ai dû ajouter d'autres
chapitres qui se présentent sous des formes
plus frivoles, c'est une descente des hautes
sphères des calculs, dans celles plus amu-
santes du monde parisien. On m'avait bien

suggéré la pensée d'écrire des anecdotes lo-
cales, cette intervention dans la vie privée
aurait offert beaucoup d'attrait à la malignité
publique; elle m'a paru un mauvais procédé.
Je m'en suis abstenu. L'anecdote parisienne
a remplacé l'anecdote lyonnaise. Les échos à
Lyon, sont trop sonores, les regards trop per-
çants. On a beau abriter les noms sous les
initiales les plus impossibles, on en pénètre
toujours la transparence. C'est d'ailleurs une
satisfaction trop fébrile pour ma constitution
délicate. Je veux bien entrer dans l'histoire
intime et familière des choses, mais je ne
veux être hostile à personne.

Dans ce livre j'ai prêché le principe de la
conservation, c'est-à-dire de la spéculation
avec toutes les sûretés dont on peut l'entou-
rer. Entre nous, il y a beaucoup à dire sur
la Bourse de Lyon; les affaires y sont difficiles, le gain haut placé, il y a des coups de
hasard mais peu de bénéfices prémédités; le
découvert y est très-exposé, la nécessité des
primes impérieuses et les déceptions fré-
quentes. Il existe à Paris des oiseaux de proie
qu'on nomme des banquiers; par l'entremise

du fil électrique ils plongent leurs griffes jusque dans les caisses lyonnaises. Dieu sait les magnifiques tributs que la ville de Lyon a payés à ces rois de la finance. Cette situation est périlleuse, menaçante et sans contrepoids. Ils resteront éternellement les plus forts. Je n'ai pas la prétention d'empêcher personne d'aller grossir le triste cortége de ceux qui se ruinent. Je le sais, dans ces grands jeux de bourse, les leçons coûtent cher et ne corrigent personne ; toutefois, qu'on n'oublie pas cette sage maxime de Francklin : « Tant pis pour ceux qui se ruinent ; non seulement ils souffrent des privations de la fortune mais ils subissent encore toutes les mortifications de la vanité. »

De Mériclet.

CHAPITRE Ier.

Bourse de Lyon.

La Bourse de Lyon se tient dans une salle basse qui servait autrefois de réfectoire aux Dames de Saint-Pierre. Elle ressemble plutôt à une sacristie qu'à un édifice consacré aux opérations sur les fonds publics. Elle est entourée de bas reliefs en grande saillie dont les sujets sont tirés du nouveau Testament. Avant d'y pénétrer, on traverse une cour avec salles d'ombrage. Cette cour est entourée de vastes galeries qui rappellent son ancienne destination. La salle enfumée de la Bourse, le jardin et les galeries seront bientôt abandonnés pour être remplacés par un magnifique monument qui s'achève en ce moment dans la grande rue Impériale. La ville de Lyon n'aura plus à envier à Paris sa Bourse monumentale, celle qui s'achève aujourd'hui, à en juger par son architecture extérieure, promet un beau monument, il est d'un aspect grandiose, majestueux. Le dieu Plutus aura un temple illustre, il sera considéré comme sa plus belle résidence; c'est dans ce nouveau palais qu'on ira s'enrichir ou se ruiner selon qu'il plaira à l'aveugle Fortune, c'est sous ses voûtes neuves et élégantes que se pressera une foule ardente, avide et trop souvent ignorante des dangers auxquels elle s'expose. Mais ne devançons pas l'avenir, revenons au présent.

La Bourse de Lyon s'ouvre à onze heures et demie. Quand le coup de cloche qui annonce sa fermeture retentit, c'est le moment où se fait entendre celui qui annonce l'ouverture de la Bourse de Paris : la Bourse de Lyon opère sur les cours venus de Paris, sur des correspondances reçues le matin, écrites par des employés d'agent de change, dans ces correspondances, on transmet les nouvelles en circulation, les dispositions du marché, les ventes et les achats des gros faiseurs et les espérances de hausse ou de baisse de la Bourse du lendemain. Elle opère encore sur les cours de la coulisse qui commence ses opérations à midi, lesquels cours sont transmis par des dépêches télégraphiques. Ces renseignements réunis forment l'opinion du client lyonnais. La spéculation s'engage sur ces données, quelquefois démenties et très-souvent sincères. La situation de la spéculation lyonnaise vis à vis de la spéculation parisienne semble exposer la première à payer de larges tributs à cette dernière, dans cette longue baisse des six premiers mois de l'année, plusieurs agents de change de Paris ont succombé, ils ont été obligés de vendre leur charge. Le parquet de Lyon a eu ses sinistres et ses défaites, mais il a parfaitement résisté, et malgré les surcharges d'actions de chemins de fer autrichiens et autres dont Paris s'était déchargé sur le parquet de Lyon, il a continué d'offrir la sécurité la plus complète et maintenu la solidité de sa position.

Autour de la corbeille, trente agents viennent prendre place. La rente 3 pour % et la rente 4 1/2 sont à peu près exclues du marché, il ne s'en fait pas à terme.

Les opérations s'engagent sur les actions du Crédit mobilier, les actions des chemins de fer, de l'Orléans, de Lyon à la Méditerranée, et particulièrement sur les actions des chemins de fer Autrichiens. Si la Bourse de Paris est en hausse, la Bourse de Lyon exagère le cours de la hausse, si

les cours sont en baisse, elle baisse plus rapidement encore; mais, de nombreux arbitrages
partant de Paris ou de Lyon tendent à rapprocher
les cours de ces deux Bourses. La lutte du parquet de Lyon s'engage sur les cours d'ouverture,
par exemple, elle débutera au cours de 1380 fr.
sur l'Orléans, ce cours se maintient pendant presque toute la durée de la Bourse, à moins que par
des offres constantes, les agents qui opèrent pour
le compte des banquiers de Paris, ne viennent
à ralentir les demandes. Dans cette condition,
on comprend que les primes doivent être re-
cherchées. C'est une sauvegarde contre les ordres venus de Paris. L'un des grands désavan-
tages de cette Bourse est d'être en quelque sorte
la vassale de la Bourse de Paris, d'en recevoir les
impressions et d'être soumise aux répercussions
qu'elle en reçoit; elle ne peut prendre aucune
initiative sans s'exposer à des pertes certaines;
il faut de toute nécessité qu'elle prête l'oreille aux
bruits qui viennent du Nord. Je sais que par le
télégraphe elle est très-rapprochée du marché parisien, elle y achète ses primes et se dérobe à ses
erreurs, en faisant la contre opération à Paris,
cette situation n'en est pas moins très-périlleuse.

A Lyon, la Bourse est en quelque sorte une loterie ; en donnant un ordre d'achat ou de vente, le client ressemble parfaitement à un homme qui attend un bon ou un mauvais numéro. Sans contredit, la Bourse de Paris offre les mêmes hasards, le client est exposé aux mêmes chances, mais le bénéfice est plus facile à prévoir, la réalisation plus immédiate. Le mouvement se fait sous vos yeux, tandis qu'à Lyon, le courrier de Paris est le messager qui apporte la perte ou le bénéfice. Le client de Paris peut faire une fausse entrée, dans la même Bourse il peut la rectifier, tandis que le client à Lyon n'a pas ces mêmes avantages.

La Bourse de Lyon exerce son monopole sans concurrence; elle n'a pas, à ses côtés, une coulisse qui insulte à ses lois, des groupes de courtiers marrons, qui, en dépit des priviléges, prélèvent une partie des courtages en vendant des actions de chemins de fer étrangers et des actions industrielles ; elle n'a pas non plus, mais je suis obligé de descendre deux ou trois étages pour vous montrer ces groupes fameux qui s'agitent sous l'horloge de la Bourse de Paris, où l'on voit des industriels qui à chaque opération conclue exhibent de leur poche les actions vendues pendant que l'acheteur exhibe son argent. On n'y voit pas non plus ces nombreuses figures de juifs qui viennent demander à toutes les formes possibles d'affaires les moyens de gagner de l'argent.

Le parquet de Lyon est purgé de cette armée de coulissiers, de malandrins, de bohèmes, d'industriels, de vendeurs du temple, de lanceurs. Les habitués de la Bourse de Lyon sont divisés en deux fractions. La première cherche un abri sous les grandes galeries et se fait apporter les cours par les commis d'agents de change, la seconde forme des groupes dans l'enceinte de la Bourse; elle paraît fort attentive aux cours qui s'inscrivent sur un grand tableau, lequel tableau remplace le crieur public.

La Bourse de Lyon est admirablement placée pour les affaires; elle a pour succursales, les Bourses de Marseille, Toulouse, Genève et Turin; elle fait des opérations considérables pour les banquiers de Paris.

Il faut toute la prudence, la réserve et la méfiance du caractère lyonnais pour résister à ces prévisions parisiennes. Je peux citer un exemple de ce danger. Un agent de change du parquet de

Lyon demandait à grands cris des actions des chemins de fer autrichiens. Après en avoir acheté deux ou trois cents, il en demandait encore, lorsqu'un de ses honorables confrères lui dit tout bas : Calme-toi, n'achète plus, j'ai des ordres illimités de vente. Sans son généreux confrère, cet agent allait compromettre très-gravement les intérêts de son client.

La position du client lyonnais devient très-inquiétante dans les paniques. On sait que le caractère lyonnais exagère toujours les cours de Paris, comment peut-il échapper à une baisse désastreuse? Dès que les cours arrivent en grande baisse, tous les acheteurs ont disparu. A Paris, il y a toujours des acheteurs; à Lyon, les cours de Paris prennent la corbeille d'assaut, sans qu'elle puisse leur opposer la moindre résistance. Heureusement cette situation défavorable est corrigée par un instinct merveilleux des affaires, de nombreux capitaux et finalement la ressource des primes, qui sont la véritable sauvegarde des opérations lyonnaises.

La durée de la Bourse de Lyon est de une heure et demie; comme les cours de clôture sont à peu près les cours d'ouverture, ce temps est évidemment trop long.

Chaque parquet adopte à son insu certaines notes pour acheter et d'autres pour vendre ; ainsi, à Paris, les cris pour acheter sont beaucoup plus forts que pour vendre. A Lyon, c'est tout le contraire ; comme en général les agents sont baissiers, les cris sont plus violents pour la baisse que pour la hausse. Les acheteurs ont le verbe beaucoup moins haut que les vendeurs. Cela se comprend.

CHAPITRE II.

Les Agents de Change.

La physionomie du parquet de Lyon est à peu près celle du parquet de Paris, seulement, à première vue, le personnel des agents de change de Lyon offrirait un peu plus de maturité, et dans l'échange des propositions d'affaires, des paroles plus familières. Je crois être parfaitement dans mon droit en disant que l'un a toute la sève de la jeunesse, et l'autre toute la maturité de l'âge mûr; que les agents de Paris l'emporteraient par la forme et la bonne tenue, et les agents de Lyon par l'expérience, l'habileté et une méfiance extrême, qui est la conséquence forcée d'une position exposée aux caprices d'une Bourse qui se pose comme l'arbitre de toutes les Bourses de France. Quoique attaché à la Bourse de Paris, bien loin de moi la pensée d'être hostile envers celle de Lyon. Je ne suis le serviteur ni de l'une ni de l'autre, je cherche seulement à en retracer un portrait fidèle.

La chambre syndicale est beaucoup plus facile dans ses réceptions que celle de Paris. La seule épreuve à laquelle on soumet les récipiendaires est l'honorabilité et d'avoir payé tout ou partie de sa charge ; il serait à désirer qu'un agent qui est destiné à défendre les intérêts qui lui sont confiés fût soumis à d'autres épreuves. On peut être un homme sérieux et honorable, cela ne suffit pas. La chambre syndicale devrait exiger un stage ; il y a des grades à parcourir, des échelons à monter, une pratique à apprendre ; au lieu de ces conditions, la charge se vend comme un brevet de capitaine anglais. Quant à l'intelligence de l'état, à la connaissance des valeurs, à la langue du parquet, c'est le superflu. Beaumarchais sollicitait un jour la place de secrétaire de l'ambassade d'Espagne ; on lui dit : Vous ne connaissez pas la langue espagnole ? il répondit : je l'apprendrai en route. C'est ce que fait l'agent de change de Lyon ; très-souvent il apprend sa profession à ses dépens et à ceux de ses clients, ce que je pourrais établir par des exemples.

Il y a au nombre des agents de change deux ou trois hommes d'un âge déjà avancé. Comme les vieux soldats, ils mériteraient trois ou quatre chevrons; ils ont traversé de bien mauvais jours. En matière de finances, l'âge n'y fait rien. Dès que l'agent fait bien son service, que peut-on lui demander? Il est là, à ses risques et périls, disposé à conserver les anciennes traditions et à vous offrir une prise de tabac si vous concluez une opération avec lui.

Il se fait peu de comptant. Il arrive souvent que les agents de change vendent cinq et dix actions de chemins de fer à terme; toutefois, les ventes à primes se traitent par 25 actions. A Paris, l'agent de change crie : j'ai 25 Orléans d/10 ou d/20; à Lyon, l'agent offre ou demande 25 primes de Lyon ou d'Orléans. Le cri de Paris est plus bref et plus régulier.

Presque toujours, quand l'agent de change de Lyon veut acheter, il offre de vendre, ou quand il veut vendre, il offre d'acheter. C'est une façon vulgaire, dédaignée par l'agent de change de Paris.

Plusieurs agents de change sont connus pour avoir la clientèle des hauts banquiers de Paris, du

Crédit mobilier et des caisses financières. Il arrive que lorsqu'ils offrent, ils compriment les cours. Cette dictature des banquiers de Paris est dangereuse ; elle tient sans cesse en éveil les agents de Lyon. On comprend que des achats ou des ventes faites contre des ordres venus de Paris peuvent être rudement rectifiés à l'arrivée des cours.

Il n'y a jamais d'escompte à la Bourse de Lyon ; en liquidation, on lève, on livre ou l'on se liquide par les différences, ce qui indique que le jeu est le véritable élément de la spéculation lyonnaise. Je dois rendre hommage à la probité des agents de change de Lyon. Il existe un tableau où sont inscrits les cours, chacun peut en prendre connaissance, faire passer son ordre et au besoin le voir exécuter sous ses yeux. A Paris, les gardes, les commis, les associés d'agents de change, tout le monde ignore les cours ; on fait passer son ordre, il est bien ou mal exécuté ; vous êtes obligé de l'accepter avec confiance. A Lyon, le client est plus en sûreté, et, comme conséquence, il y a moins d'abus sur le marché.

A Paris, quand la maison Rotschild fait des émissions d'actions ou d'obligations, elle a la gracieuseté d'en adresser un certain nombre à chaque agent. Ainsi tous les agents du parquet de Paris ont reçu 30 actions au pair des chemins de fer lombards. L'agent de change de Lyon ne jouit pas de ces mêmes priviléges ; de même, certains bénéfices qui résultent de petites opérations faites à coup sûr, ne s'offrent pas aussi fréquemment au parquet de Lyon.

Les agents de change de Lyon avaient été créés pour faire la négociation de la lettre de change. Les opérations sur les fonds publics n'étaient pas le but de leur institution. Dès que ces valeurs nouvelles apparurent sur la place, ils renoncèrent promptement à la lettre de-change pour les adopter. L'abandon de la négociation de la lettre de change pour les fonds publics offre une lacune. Cette négociation semble assez importante dans une ville comme Lyon, pour exiger la création de courtiers qui en feraient une spécialité.

A Lyon comme à Paris, le nombre des clients a considérablement diminué. C'est le côté dange-reux de l'exploitation d'une charge; cette profession a essentiellement besoin de vie et de mouvement. Si les ordres arrivent lentement, l'agent se décou-rage, et souvent le besoin des affaires l'entraîne à faire des crédits dangereux. C'est ainsi que l'on a cité trois ou quatre grands faiseurs de la place qui ont succombé, avec lesquels plusieurs agents étaient fortement engagés, et qui sérieusement ne méritaient pas le crédit qu'on leur avait accordé.

Que deviennent les agents de change du parquet de Lyon? Ceux qui se placent en dehors du jeu et qui opèrent pour de bons clients, avec le temps, s'enrichissent dans des conditions modérées. Ceux qui s'aventurent trop légèrement et qui pratiquent la spéculation du Crédit mobilier ou des Autrichiens pour des clients qui n'offrent pas toujours une sécurité complète, se retirent blessés et quelquefois ruinés ; du reste, ces infortunes sont communes aux agents de change des Bourses de Paris et de Lyon.

Je n'ai pas l'honneur de connaître de très-près Messieurs les agents de change de Lyon ; il ne m'est pas possible, comme je pourrais le faire à Paris, d'étiqueter sur chaque agent son caractère et sa réputation. Je pourrais le faire, que je ne me permettrais pas de désobéir ainsi aux lois du simple savoir vivre ; cependant je prendrai la liberté de leur donner un conseil qui sera reçu chapeau bas, sauf par l'un de ces Messieurs qui paraît avoir voué à son chapeau un attachement éternel.

Voici mon conseil :

La coulisse de Paris, comme le parquet de Lyon, avait adopté l'usage de faire pour ses clients des actions du Crédit mobilier, des chemins de fer français et des chemins de fer étrangers : elle en a bien vite reconnu les dangers ; aujourd'hui la vraie coulisse ne fait que des rentes. Le parquet de Lyon devrait adopter ce même usage et faire tous ses efforts pour ramener le public à opérer sur les rentes ; il ne le fera pas, parce que le client ne s'y prête pas ; il aura tort. La clientèle de Lyon n'est point assez riche pour jouer ce jeu-là. Je ne suis pas devin, mais je prédis qu'avec le système des trahisons électriques et la puissance des hauts banquiers de Paris, bien des fortunes lyonnaises et même des fortunes d'agents de change, se briseront contre la spéculation sur le Crédit mobilier et les chemins de fer de Lyon et d'Orléans, dans les conditions où on les fait aujourd'hui.

CHAPITRE III.

Différentes manières d'opérer à la Bourse de Lyon.

La science de la Bourse est difficile. Vous possèderiez des trésors d'intelligence, d'expérience et toutes les variétés possibles des manières d'opérer, il existe toujours une extrême difficulté à écarter les dangers du jeu. Dans cette industrie vous ne trouverez ni appui, ni régulateur ; la Bourse est une région brumeuse où le plus clairvoyant n'y voit goutte. Cette situation qui est celle des clients de Paris, est encore plus périlleuse pour le client de Lyon. Le vendeur et l'acheteur y sont pleinement à découvert et exposés aux coups qui partent de la Bourse de Paris.

Cette situation admise, le client de Lyon doit donc se garantir par des primes pour se soustraire aux surprises parisiennes. A Paris on peut faire valoir ses fonds dans des opérations au comptant. Ce marché offre de grandes ressources et sans s'exposer on peut obtenir par des opérations journalières un intérêt plus ou moins fort de son capital. Sur le marché de Lyon les opérations au comptant sont inconnues. La spéculation à terme est complètement dans les habitudes lyonnaises.

Les opérations à prime ont une grande importance, elles posent une limite à la perte. L'homme sérieux décidé à faire des spéculations de Bourse ne doit donc pas se livrer au découvert. Les primes ont cet avantage, d'abord de rassurer le client et en même temps, quand la spéculation opère dans le sens de la position qu'il a prise, de pouvoir revendre sur ses primes, racheter de nouveau et faire un certain nombre d'opérations. On peut aussi, à l'aide des primes, opérer à la hausse, à la baisse et toujours avec une perte limitée. Nous n'avons pas l'intention d'enseigner le jeu des primes, cette opération est très-connue. Nous n'aurions rien à apprendre à ceux qui la pratiquent, et nous éprouvons une répulsion sincère pour l'enseigner à ceux qui l'ignorent. Malgré les explications les plus nettes et les plus précises, le jeu des primes ne s'apprend pas dans les livres, mais par la pratique et surtout par des instincts financiers, qui sont particulièrement le privilége de certaines organisations.

Nous répétons encore que sur le marché de Lyon la connaissance des opérations avec primes et toutes les ressources qu'elles peuvent offrir est indispensable. Toutefois nous devons avertir qu'il est dangereux de vendre des primes sans avoir dans sa caisse les titres vendus pour les livrer dans le cas où les primes seraient levées. Cette position de vendeur de prime est plus périlleuse que celle de vendeur à terme. Il arrive souvent que, craignant d'être débordé par la hausse, on achète du ferme pour conserver son bénéfice ou pour se liquider, les valeurs baissent de nouveau, et pour une prime vendue vous vous exposez à perdre de fortes différences. Fréquemment à la Bourse les affaires entrent dans une période prolongée de ralentissement, on vend des primes à de faibles écarts ; c'est surtout ces ventes nombreuses de primes qui amènent si brusquement la hausse. Il est donc indispensable, sur un marché comme celui de Lyon, de se couvrir pour limiter la perte comme acheteur et pour augmenter ses bénéfices comme vendeur.

Voici ce que l'expérience apprend encore.

Celui qui veut sérieusement ne pas s'exposer et conserver sa fortune ne doit jamais opérer dans les séries de baisse. Si la haute spéculation est à la baisse, laissez lui vendre ses rentes et ses actions, ne suivez pas ses traces, il n'y a rien à espérer de la baisse, abstenez-vous. Cette manière d'opérer est tellement vraie, que dès que la Bourse de Paris s'engage dans les séries de baisse, les clients désertent. La Bourse n'offre des bénéfices que dans des mouvements de hausse prononcés. Il est probable que dans un avenir encore éloigné les chances de la Bourse seront mieux appréciées, les périls moins fréquents et les bénéfices plus certains. Les clients se lasseront d'être sans cesse sacrifiés, et avec les idées positives qui règnent aujourd'hui, il est absurde de s'exposer avec la certitude d'être ruiné.

Il est d'une grande importance, dans cette mêlée générale de valeurs inférieures et supérieures, de choisir celles de premier ordre. A la Bourse de Lyon le Crédit mobilier est en grande faveur. Quand les affaires languissent,

il apparaît pour les ranimer. C'est une impru-
dence d'acheter ferme des actions du Crédit
mobilier, non pas que je le considère comme une
valeur discréditée, mais elle est dangereuse parce
qu'elle peut aisément, sur vingt-cinq actions,
vous établir en perte de deux mille francs par
le retour du courrier. Alarmé par une telle perte,
elle devient souvent irréparable pour le petit
client. J'insiste encore pour qu'on mette une
extrême réserve à s'engager sur les actions des
chemins de fer étrangers, sur les Sarragosse, les
Lombards-Vénitiens et les Russes, ces sortes
d'actions haussent et baissent selon le bon plaisir
des syndicats parisiens qui cherchent à en surcharger la place de Lyon, comme ils l'ont pratiqué
pour les chemins de fer Autrichiens. La spéculation n'offre-t-elle donc pas assez de périls, la
clientèle lyonnaise n'a-t-elle donc pas reçu des
blessures assez profondes ? Les naufragés de ces
derniers temps n'ont-ils pas assez compromis la
fortune d'honorables agents de change ? Ne sait-
on pas qu'il y a des spéculateurs à Lyon qui ont
des employés à la Bourse de Paris qui achètent
ou vendent selon qu'ils peuvent placer avec bénéfice les actions de ces chemins de fer. Quel peut

être le résultat de cette partie qu'on engage avec
eux ? Qu'on nous dise ce que les clients de Lyon
ont gagné avec des opérations sur le Crédit Mobilier, les chemins de fer Autrichiens, les chemins
de fer du Midi et quels bénéfices feront-ils avec
les Lombards – Vénitiens , les Sarragosse , les
Russes et les François-Joseph ? N'est-ce pas un
principe sage que celui d'opérer sur une valeur
connue, et qui a fait ses preuves ?

Le choix d'un agent de change a toujours une
certaine importance : il y en a de plus habiles les
uns que les autres. De même qu'on choisit un
bon médecin , il faut choisir un bon agent. La
santé et la bourse sont deux biens précieux qu'il
ne faut confier qu'à ceux qui méritent toute confiance.

Le point de départ d'une opération à la hausse
doit être la baisse, il en est des actions de chemins
de fer comme de toute autre marchandise. Plus
elles sont acquises dans les bas prix, plus il y a
de garanties pour un bénéfice à venir, achetez
dans la mesure de vos forces et ne vous exposez
pas au découvert.

Avec la masse énorme de valeurs créées,
la baisse est facile, elle est dans les mains de

ces nouvelles institutions financières, dont l'unique préoccupation est de vivre aux dépens des petits spéculateurs de Paris et de la province. On est à leur merci, et je vous en avertis, je les connais, ils sont insatiables et impitoyables. Voyez les résultats ; les immenses fortunes qui se sont amoncelées d'un côté et de l'autre tant de malheureux clients ruinés, découragés et diminués, car on aperçoit des vides à la Bourse de Lyon comme à la Bourse de Paris.

Il se pratique des arbitrages de Paris sur Lyon et de Lyon sur Paris; cependant, on remarque que depuis quelque temps les cours des deux marchés tendent à se niveler. C'est surtout dans les ordres d'achats ou de ventes adressés de Paris et pratiqués par deux ou trois agents qu'existe le danger des opérations sur le marché de Lyon. Quelle résistance opposer à des banquiers qui opèrent avec des titres ou des millions ?

Il y a une opération qui est l'idée favorite de plusieurs agents, sans aucun doute dans l'intérêt de leurs clients. Cette opération consiste à avoir un agent à Paris, à la dernière minute de la Bourse; dans les mouvements excessifs de hausse ou de baisse du Crédit Mobilier, il achète ou il vend à la Bourse de Paris, sachant que le contrecoup du mouvement sera plus accentué à Lyon, on se fait la contre opération, cela réussit assez fréquemment, mais tout le monde ne peut pas aller à Corinthe, c'est-à-dire qu'il faut avoir des agents à Paris assez intelligents pour vous faciliter cette opération.

Je me résume.

La position du client de Lyon me paraît infiniment plus périlleuse que celle du client de Paris.

Tout client qui s'engage au-dessus de ses forces est perdu. Le sol du marché lyonnais est plus mouvant, plus exposé, il est plus accessible aux orages. Tout homme raisonnable et honnête, voulant conserver son patrimoine et ne pas exposer celui des autres, doit être très-modéré dans ses opérations. Dans certaines conditions, il y a impossibilité de se mettre à l'abri d'un revers.

Terminons par une vérité reconnue de tous et malheureusement très-peu écoutée.

On ne peut rien fonder sur la hausse et la baisse; quand les mouvements sont faibles les frais de courtage emportent le bénéfice. Quand les mouvements sont violents, les opérations les plus sages et les mieux conçues se terminent ainsi : petits bénéfices et grosses pertes. On réalise le bénéfice et on ne réalise pas la perte. A ce jeu-là, il n'y a pas d'étape, on va en avant ou en arrière, plus souvent en arrière.

CHAPITRE IV.

Les Clients de Lyon et les Clients de Paris.

J'ai pratiqué la Bourse de Paris pendant dix ans.

J'ai pratiqué la Bourse de Lyon pendant deux mois.

Le client parisien m'est connu, tandis que l'autre m'est à peu près inconnu ; toutefois il ne me paraît pas difficile d'en formuler la différence. Avouons d'abord que l'un et l'autre appartiennent à cette classe de gens qui ayant acquis une certaine expérience de la vie et des affaires ou exercé des professions plus ou moins productives, imaginent que ce qu'il y a de mieux à faire, c'est d'utiliser ses capitaux et son intelligence dans des opérations de Bourse. A Paris comme à Lyon, les clients sortent de la même école, celle dont la maxime est d'acquérir la fortune sans peine ; au fond, les idées sont les mêmes, c'est par la forme et le caractère que s'établit la variété de l'espèce.

J'arrive à Lyon avec la présomption d'un chroniqueur parisien. Vivant depuis longtemps dans ce milieu qu'on appelle la Bourse de Paris, sans cesse en contact avec les hommes les plus habiles, les plus avisés de France et de Navarre, parmi lesquels on remarque les banquiers français et allemands, les grands et les petits spéculateurs, les Bohêmes de tous les départements et les joueurs. Sans cesse en rapport avec cette nombreuse clientèle, j'ai dû me supposer une vraie supériorité sur les clients de Lyon, petits bourgeois, petits capitalistes et artisans, gens de la race des actionnaires et machines à courtages.

Quelle a été ma surprise de voir que cette clientèle ne manquait ni d'argent, ni d'expérience, qu'elle paraissait très-résolue à défendre son capital, et, sous le rapport de la connaissance des valeurs et la manœuvre des primes, qu'elle n'avait rien à apprendre. Mais voici où se révèle la différence :

Le client de Paris est en général d'une opinion

très-effacée ; il ressemble à ces pièces de monnaies usées par la circulation dont parlait Goldoni ; il voit le but sans se rendre compte des moyens, et passe résolûment d'une idée à une autre. Il écoute plutôt qu'il ne parle. Il est essentiellement soumis au régime des événements et les escompte toujours. Sans conviction et sans opinion, il cherche plutôt à connaître vos idées qu'à vous faire part des siennes ; il sait qu'il y a plus d'avantage à écouter qu'à parler, surtout quand il vous suppose une certaine supériorité. Il est prompt à réaliser et à changer de position. Il prend très au sérieux les bruits en circulation, ce qu'on appelle le secret de la comédie ; le lendemain il n'y pense plus. Si vous professez une opinion sur la hausse ou la baisse, il vous écoute et profite du conseil pour faire son opération, non pas chez votre agent, mais chez un autre. Il est très-bien discipliné à l'endroit de l'exactitude à payer ses différences ou à livrer ses titres. Il parle fréquemment de ses bénéfices, jamais de ses pertes. Il a toujours deux ou trois agents, afin de dissimuler sa position. Un certain nombre d'agents de change ont des remisiers, ces derniers ont eux-mêmes des sous-remisiers ;

ils exigent du client un dépôt en garantie. Le dépôt reste entre les mains de l'agent ou du remisier; ce dernier se rend caution du client. Le dénoûment de ces sortes d'opérations est prévu. Le personnel de la Bourse de Paris se renouvelle chaque année, sauf les employés d'agents de change, les coulissiers et courtiers. La couche des clients disparaît pour faire place à une autre. C'est sur cette immense classe de gens sortis de tous les étages de la société, qu'on nomme des capitalistes, des rentiers, médecins, bourgeois, ouvriers, commerçants et boutiquiers, que la banque, les agents de change et les coulissiers prélèvent chaque année 250 millions pour courtages, reports et différences; telle est la représentation fidèle du client parisien. Le client de Lyon nous a paru offrir une variété tout à fait différente. Durement éprouvé par la désastreuse émission des actions des chemins de fer autrichiens, des Simplons, des Franco-Américains, des bateaux mélangés et autres valeurs, il a subi une épuration ou plutôt une véritable amélioration; il a compris le danger, et tout ce qui est souscription nouvelle lui paraît suspect.

Son éducation financière s'est faite à ses dépens;

elle est assez perfectionnée pour ne plus compromettre aussi légèrement ses intérêts. Le client lyonnais a pour adversaires et pour ennemis les grands faiseurs de Paris ; ils cherchent à lui enlever des différences par tous les moyens en leur pouvoir : la connaissance du marché et son influence, les cours forcés de la fin de la Bourse, les bulletins financiers, d'immenses capitaux, des titres nombreux ; en un mot, ils prennent toutes les précautions possibles pour le ruiner. Il a encore pour adversaires les habiles du marché même de Lyon, qui sont avisés des cours par des dépêches électriques ; enfin il y a une conspiration en permanence contre lui ; il est vrai que descendu à un certain degré d'infortune, il ne paie plus ses différences.

Quant aux valeurs de Bourse, il a sur les actions de chemins de fer des opinions à outrance. Vingt fois pendant mon séjour à Lyon, je me suis trouvé en vis-à-vis avec des clients lyonnais ; ils ont presque tous des opinions tellement formulées d'avance, qu'il n'y a rien à en détacher. Tout ce qui est contraire à cette opinion n'est pas admis. Si vous ne vous placez pas sur leur alignement, vous faites preuve à leurs yeux d'un faux ju-

gement ; il n'y a qu'une opinion raisonnable,
celle qu'ils professent. On dirait qu'ils ont
une vue droite dans l'intérieur des bureaux de
l'administration des chemins de fer ; ils ont des
idées prophétiques sur certaines valeurs et les
jugent sans appel. Est-ce à dire que, semblables
aux clients de Paris, vous les retrouvez le lendemain avec une opinion différente? Non, leur idée
est toujours vivante, toujours la même ; c'est pré-
cisément par cette fermeté que s'établit la distinction des deux clients. Ici, l'opinion survit à
l'événement. Un matin, je déjeûnais à l'ancien
café Casati : nous étions plusieurs habitués autour
d'une table ronde, devisant sur les affaires du
jour. Un voisin me demanda mon opinion sur
les actions du chemin de fer de l'Orléans. Je lui
répondis fort-paisiblement que l'ancien réseau
étant complètement séparé du nouveau, les recettes restant intactes au profit de l'ancien jusqu'en
l'année 1865, l'action obtiendrait un produit d'environ 90 francs payés chaque année avec la
régularité d'un locataire qui acquitte son terme ;
que, dans ces conditions, l'action de l'Orléans
flotterait de 1360 à 1460 francs. A ces innocentes
paroles, mon honorable interlocuteur frappa sur

la table un coup de poing qui faillit renverser tous les déjeûners, et s'écria : Je parie qu'avant deux ans l'action de l'Orléans ne vaudra pas 800 francs! On comprend qu'avec des gens qui jettent dans la balance l'épée de Camille sous la forme d'un coup de poing, aucun examen n'est possible. A Paris les discussions s'engagent avec une extrême courtoisie ; elles n'ont peut-être pas la même franchise, mais elles sont plus civiles.

Oserons-nous rappeler aux spéculateurs que, sous le ciel de la Bourse où les orages sont si fréquents, il faut vivre au jour le jour ; qu'il est bien difficile de donner une valeur fixe à une action de chemin de fer, d'une part, sous la protection de l'Etat, faisant de magnifiques recettes, et de l'autre avec des charges, des embranchements et des emprunts passés et à venir dont le chiffre est inconnu; c'est triste à dire, mais l'expérience nous l'apprend, la première qualité de l'homme de Bourse, c'est de ne point avoir d'opinion, j'entends d'opinion financière ; c'est de prendre pour point de départ une position de place exagérée, de ne faire que de rares opérations parfaitement conçues et basées sur des renseignements, et de préférence en opposition avec la position du moment. Puis, quand l'opération est conclue, attendre et se rappeler ce que disait M. de Talleyrand : Je ne me suis jamais pressé, et pourtant je suis arrivé.

Il est bien entendu qu'en dehors de cette clientèle courante, Messieurs les agents de change ont encore des clients à Paris, Bordeaux, Toulouse, Marseille et Genève et de plus une fraction assez étrange de clients placés autour du tableau des cours. Ces exilés de la fortune justifient complètement nos appréhensions sur les dangers de la lutte entre les Bourses de Paris et de Lyon. Évidemment la partie était trop inégale et leur ruine certaine. Toutefois, parmi eux, il en existe qui obtiennent un crédit mérité.

CHAPITRE V.

Le nouveau Palais du Commerce.

Tout en admirant le nouveau Palais du Commerce de la rue Impériale, il y a, comme disent les Journalistes de Paris, une question pleine d'intérêt à se poser.

Quelle destination donnera-t-on à ce magnifique monument? On veut y établir la Bourse de Lyon? Qu'est-ce que la Bourse de Lyon? Ne nous effrayons pas des mots, c'est une succursale de la coulisse de Paris. Je suis très-disposé à faire l'apothéose de ce Palais, j'admire le caractère imposant de son architecture, mais en vérité, si sa destination est d'ouvrir un marché pour y vendre ou acheter des actions du Crédit Mobilier et des chemins de fer Autrichiens, ce n'était pas la peine de construire un aussi bel édifice. Il en résultera que ce Palais sera plutôt consacré aux intérêts parisiens qu'aux intérêts lyonnais. Nous avons l'habitude de dire nettement notre pensée. Si la Bourse de Lyon persiste dans ses errements, si elle continue à s'ouvrir à onze heures et demie, si elle exclut du marché le 3 pour % français, pour accorder toutes ses préférences aux actions du Crédit Mobilier, il faut bien en convenir, elle s'expose aux plus graves dangers; elle n'a pas des moyens de défense assez puissants, en plaçant le Crédit Mobilier au premier rang; non-seulement elle expose sa clientèle, mais encore ses agents. La Bourse de Paris, par de récents exemples, est là pour en rappeler les plus tristes exemples; et la Bourse de Lyon, elle-même, n'a pas oublié les pertes que lui a fait subir cette dangereuse valeur.

Abordons de plus près la question; ne sait-on pas que quand M. de Rostchild veut faire la hausse ou la baisse sur les actions du chemin de fer du nord, sa pression est infaillible. Ne sait-on pas que d'autres maisons de banque de Paris, qu'il n'est pas besoin de nommer, exercent à leur tour la même pression sur les actions du Crédit Mobilier? Ne sait-on pas que pendant certaines Bourses on en surchage le marché de Lyon? Ces sortes d'opérations sont des traites presque toujours acquittées par les clients de Lyon, et pour Paris ce sont des bénéfices certains.

Comment résister à des adversaires aussi puissants? Les banquiers de Paris ont pour eux des prévisions à peu près certaines. Le capital, les titres, la pression ordinaire et extraordinaire des cours cotés à la fin de la Bourse, tandis que le client lyonnais n'a pour lui que sa patience et sa toison plus ou moins dorée. Ce langage est offensant, il est sincère. Je suis peut-être un censeur incommode, rappelez-vous les paroles de M. Émile de Girardin : Les vérités, disait-il, que l'on aime le moins à entendre sont toujours celles qu'il importe le plus de savoir. Cependant, il y aurait un moyen qui pourrait corriger les périls de cette situation. Ce moyen serait d'ouvrir la Bourse de Lyon à 4 heures, aussitôt après la réception des cours de Paris, mesure qui a été adoptée par la Bourse de Bordeaux ; d'adopter comme éléments de la spéculation le 3 pour % français, les actions des chemins de fer de Lyon, d'Orléans, et du Nord, mais d'en exclure les actions du Crédit Mobilier, ou d'exiger un dépôt dc 2,500 fr. à chaque opération de 25 actions ; et enfin de réduire le nombre des agents de change, comme cela s'est pratiqué pour les avoués.

La populatiou de la ville de Paris s'élève à douze cent mille âmes, elle possède soixante agents de change. La ville de Lyon possède trois cent mille âmes, et le nombre des agents de change s'élève à trente. La classe ouvrière entre pour une immense partie dans cette population. Cette position produit nécessairement une surexcitation dans les affaires qui n'est pas normale. En la sondant sans prévention on y découvre une cause très-active du mal. Ajoutons franchement que la Bourse de Lyon ne peut pas avoir pour but un jeu effréné sur les actions du Crédit Mobilier, reconnu de tous comme la valeur la plus périlleuse du marché de Paris, ce serait l'immolation des clients à des banquiers parisiens, presque l'atmosphère des jeux de Hombourg ; et même dans les intérêts du crédit de l'État, elle doit être disposée à adopter les opérations sur la rente.

Je ne veux pas être un prophète de malheur, mais je le dis hautement, si, à la Bourse de Paris, le jeu sur le Crédit Mobilier est un vrai danger,

à Lyon c'est une cause infaillible de ruine.
Tout homme sensé, connaissant les périls de la
Bourse et ses sinistres, répètera avec moi : A quoi
bon bâtir un aussi magnifique palais pour donner
à des banquiers parisiens la facilité d'exploiter à
coup sûr la clientèle lyonnaise et pour enrichir
trois ou quatre agents de change. Cette observa-
tion est d'un intérêt général, surtout dans une
ville commerçante où les opérations de Bourse
détournent un grand nombre de petits commerçants et propriétaires qui prennent au sérieux
l'industrie de la Bourse, négligent leur commerce
et désertent leur comptoir.

CHAPITRE VI.

Le Client invulnérable.

Un dimanche du mois de septembre, je fus invité à dîner chez M. X..., propriétaire d'une belle maison de campagne à Billancourt, banlieue de Paris. Je fus placé à table à côté d'un vieux général; il avait la poitrine couverte d'une brochette de décorations. La maîtresse de la maison m'avait confié l'ennuyeux emploi de distraire ce convive. Dès le premier service, mon emploi fut supprimé, le général s'empara de la conversation; conteur plein de verve, il passa en revue quelques campagnes du premier empire; il nous fit des tableaux curieux et très-amusants de scènes militaires. Il nous raconta la vie intime et familière des grands hommes de cette époque, et, à l'aide de personnalités inconnues de l'histoire, il se fit écouter avec beaucoup d'intérêt. En ressuscitant ces vieux souvenirs, le général n'avait pas négligé d'arroser chaque anecdote d'un excellent vin de Bordeaux ; à la fin du dîner, il aurait volontiers déserté la grande armée pour nous rappeler l'histoire du siége de Troie, les amours d'Hélène et de Pâris, et bien d'autres amours des dieux et des déesses du paganisme. La maîtresse de la maison ayant compris le danger, leva la séance. On nous présenta le café et les liqueurs au salon. Après le café, on alla se promener dans le parc et le jardin, retour au salon, wist perpétuel ; enfin, à 11 heures, préparatifs de départ. J'allumais mon cigarre, lorsque le général vint à moi, et me dit d'un air très-cordial : Mon cher Monsieur, permettez-moi de vous offrir une place dans ma voiture? J'acceptai... Après avoir échangé quelques paroles sur l'amabilité de la maîtresse de la maison et la bonhommie de son mari, le général s'exprima ainsi : Monsieur, pendant notre promenade dans le parc, après le dîner, notre ami, M. X..., m'a parlé de vous dans des termes très-honorables et en même temps il a ajouté que vous étiez fort habile dans les opérations de Bourse. Je suis un vieux garçon, possesseur de quinze mille francs de rente, d'un modeste équipage, un coupé à un cheval, et cependant j'ai beaucoup de peine à balancer mes dépenses par mes recettes. Cette position est gênante. Je voudrais augmenter mon revenu ; tout à fait incapable d'exercer aucune industrie, ce n'est qu'à la Bourse que je peux m'adresser pour lui demander une augmentation de solde. Cette haute opinion de M. X... m'engagerait à vous confier quelques opérations. M. X... me disait encore que, pendant la Bourse, vous étiez chargé d'aller rendre les réponses à M. de Rotschild, à M. Fould, et au Crédit mobilier. Par l'expérience pratique que vous possédez, et les visites quotidiennes que vous faites aux plus habiles et aux plus forts spéculateurs de la place, vous pouvez me rendre le service de diriger mes opérations, sans beaucoup de danger pour vous et pour moi.

Je lui répondis :

A première vue, rien ne paraît plus facile que d'accepter votre proposition ; mais il y a deux conditions à remplir. Sans leur accomplissement, la Bourse vous devient inaccessible. — Quelles sont donc ces conditions? dit le général. — Les voici : Vous savez que des habitudes de spéculation se sont répandues dans toutes les classes de la société ; il en est résulté un encombrement de clients, à ce point que chaque jour notre agent de change nous dit, avant de se rendre à la Bourse : Messieurs, je vous en prie, ne faites pas de nouveaux clients. En adressant vos ordres à mon agent, il me demanderait quel est ce nouveau client? Je lui répondrais de vous dans les termes les plus honnêtes ; mais ma recommandation n'exercerait aucune influence : l'ordre ne serait pas exécuté. Il faudrait déposer une garantie. — Qu'à cela ne tienne, reprit le général, je déposerai 2,000 francs, à la condition de baser mes opérations sur 12 à 15,000 francs de rente. — Redoutant le caractère de ce personnage, et voulant le décourager d'un seul coup : Vous savez, lui répondis-je, qu'il s'est établi une nouvelle jurisprudence sur les jeux de Bourse? avec vos titres, vos décorations et votre position sociale, vous seriez exposé, en cas de différence, à perdre votre liberté ; je connais deux agents qui retiennent en prison des clients pour des différences de Bourse. — Mais, dit le général, entre nous seulement, ce danger-là ne peut pas m'atteindre, j'ai 71 ans. — Très-bien, ajoutai-je ; mais si on prenait un jugement contre vous, on obtiendrait la saisie de vos rentes. — Oh ! quant à cela, je suis parfaitement à l'abri d'une saisie : le Roi des Belges et le prince de N. m'ont accordé des pensions incessibles et insaisissables ; quant aux autres revenus, ils proviennent de mes croix et de ma retraite ; la fraction disponible en est très-faible. — Et votre mobilier ?— Il est sous le nom de ma sœur.— Dans ces conditions, si vous gagnez des différences, vous les recevrez ? — Sans aucun doute. — Et si vous les perdez ? — Dam ! dans l'intérêt de mon bien-être, de ma santé, et de mes habitudes, vous comprenez que je ne pencherai pas pour les acquitter si elles m'imposaient de trop grandes privations. — Merci, général, me voilà arrivé à mon domicile. — Vous ne me faites pas l'honneur de répondre à ma proposition ? — En ce moment j'étais descendu de voiture. — Vous ne voulez donc pas vous enrôler à mon service, ajouta-t-il ? — Non. — Pourquoi? — Parce que je crois que vous êtes plutôt un général grec qu'un général français. — A ces mots le prétendu général ferma violemment la portière et la voiture disparut.

CHAPITRE VII.

La fin d'un joueur.

Cette histoire est vraie. Je manque peut-être de convenance de la rappeler. Après tout, je n'ai fait à personne la promesse du silence ; d'ailleurs c'est une grande leçon pour les chercheurs d'or dont l'âme ardente se jette dans tous les périls de la spéculation.

Il y a quelques années, j'avais pour ami un associé d'agent de change. C'était un homme d'une grande intelligence, décidé à lutter corps à corps avec le jeu, de le vaincre ou d'en être vaincu. A chaque liquidation il gagnait des sommes considérables ; il jouait le jeu des grands faiseurs de cette époque, il achetait de la rente ferme et la revendait à primes d/ 50 et d/ 1. Ce jeu obtenait alors de grands succès. Pendant de nombreuses liquidations, il sortit victorieux de cette manière d'opérer.

Mon ami, comme les gens qui gagnent facilement de l'argent, le dépensait de même. Il menait la vie des dandys parisiens ; il avait un bel équipage, des chevaux, une maîtresse et une loge aux Italiens. Dans les salons il jouait un jeu exorbitant : il arriva qu'un jour la fortune lui fut infidèle ; la baisse s'étant déclarée, les primes furent abandonnées et les rentes, achetées ferme pour se couvrir, furent reportées à la liquidation suivante. La baisse continua et les différences à payer devinrent considérables. Comme tous les grands joueurs, il persista dans sa position. Un jour en sortant de la Bourse, il me dit : Viens souper ce soir chez moi. Je lui répondis : non, dans tous tes soupers on ne parle que rente, primes et reports ; c'est un excessif ennui pour moi. Rassure-toi, me dit-il, l'esprit et les bons mots auront une plus large place que la rente. — J'acceptai.

Nous étions au nombre de six convives, tous associés ou employés supérieurs d'agents de change. Ce monde-là est le reflet fidèle de cette fraction de la société parisienne dont l'existence luxueuse est un mystère, gens qu'on voit à la

Bourse en costume très-négligé et qui, le soir se montrent au foyer de l'Opéra ou des Italiens dans une tenue très-élégante ; déserteurs des salons du grand monde ils passent pour visiter plus fréquemment les boudoirs du quartier Bréda que les salons de la bonne compagnie, ne possédant pas pour la plupart une grande réputation d'atticisme, d'esprit et bon ton, mais ayant en général des opinions assez brutales sur la société. Le souper était bruyant. Jules de Mercey, l'un des convives, tout en se versant du vin de Champagne frappé, s'écria : Ma parole d'honneur, je suis disposé à me révolter contre la bonne compagnie; si elle me laissait faire l'inventaire de ses vices, vous verriez bientôt que la différence entre elle et la mauvaise compagnie est affaire de convention. Que voit-on dans ce monde-là? Je ne veux pas parler des fortunes dont l'origine n'est pas toujours très-pure ; parlons des mœurs. Dans cette société honnête, il existe des maris qui s'enrôlent très-volontairement sous la bannière de l'infidélité, maris de mœurs très-équivoques, qui se respectent assez peu pour trahir leurs femmes et avoir des maîtresses. Cette vie élégante et irrégulière est un mauvais exemple pour la femme qui, à son tour, devient infidèle. Cette déchéance n'est pas tout ; quel est l'amant de la femme? L'ami intime de la maison. J'avoue que se faire l'ami d'un homme qu'on trahit, chez lequel on reçoit une cordiale hospitalité, des poignées de mains fraternelles, me paraissent la position la plus humiliante qu'on puisse accepter. On tolère cette facilité de mœurs. Quant à moi, si j'aime l'une de ces femmes qu'on appelle du demi-monde, ma conscience ne me fait aucun reproche, je n'ai pas à me mettre un masque sur le visage, je ne trahis personne et je ne commets pas ce que nous nommons une petite infamie.

Mon cher, répondit Saint-Yves, notre amphytrion, cette immoralité que tu viens de nous tracer me paraît exagérée. Ces désordres sont moins nombreux que tu ne le penses. Tu connais ce monde-là d'une façon superficielle, tu en es trop éloigné pour avoir la prétention de le juger ; c'est un sanctuaire où tes regards n'ont pas pénétré. Mon pauvre ami, bon gré mal gré, il te faudra un jour revenir à cette société que tu calomnies. Ce monde avec lequel tu dépenses et ta santé et ta fortune peut plaire dans une extrême jeunesse. On peut y faire une étape de quelques années, mais il faut toujours se rattacher à la famille. C'est prosaïque, bourgeois, ennuyeux même, tu compremdras cela plus tard ; pardon, ajouta-t-il en souriant tristement, je voudrais te voir plus raisonnable et surtout plus modéré dans tes opinions. Tu parles comme un notaire, s'écria de Mercey. Eh ! mon cher, quel bonheur pourrais-je donc échanger contre cette vie active, ardente, heureuse, moins heureuse peut-être demain, mais toujours insouciante, indépendante, fidèle à l'amitié, sans reproche, n'aimant des femmes que leurs grâces, leur élégance, leur beauté, sans mettre au jeu mon cœur. Je trouve dans cette existence tous les éléments du bonheur. Ajoute à cela des achats de rentes à primes et des ventes fermes sur primes, avec ce jeu-là on arrive à la fortune. — Avec ce jeu-là, répliqua vivement St-Yves, on se ruine, le portefeuille se vide, et un beau soir, au lieu des enchantements de la richesse, on se trouve aux prises avec le désespoir et la misère. — En disant cela il but d'un trait un verre de vin de Champagne. —Mais, dit Chavarot, l'ami intime de l'un des plus grands faiseurs de la Bourse, est-ce que la fortune te serait infidèle ? Est-ce que la iquidation te présenterait des différences à payer ? Qu'est-ce que cela veut dire ? Mon ami, la fortune est femme, elle est inconstante. Très-cher, la chance reviendra. C'est la barque du pêcheur que l'orage pousse dans les dangers de la pleine mer et qui revient le lendemain avec ses voiles blanches et sa pêche miraculeuse. N'est-ce pas notre histoire à tous.— Allons, St-Yves, rends hommage à la Bourse; c'est la seule divinité que nous puissions adorer ! — Enfant, reprit Saint-Yves, qui était debout contre la table, sais-tu ce que c'est que la Bourse ? Sais-tu que cette gerbe de cheveux noirs qui se dressent sur ton front peuvent blanchir dans une seule nuit ? Sais-tu que la paix de l'âme, ce vrai trésor, tu la joues avec ta fortune ? As-tu donc le courage de passer des nuits sans sommeil, rêvant à des primes et à des reports ; ne crains-tu donc pas de te réveiller en sursaut en pensant que ta liquidation peut te rayir ta fortune entière, qu'elle peut te déshonorer et ne pas te laisser assez d'argent pour acquitter ta dette ? Sais-tu que ce banquet de la vie où tu as une place si honorable, où chacun est fier de t'appeler son ami, de te presser la main, demain une catastrophe peut t'en chasser ? Eh ! mon pauvre ami, les chances heureuses de la Bourse passent si promptement et les chances malheureuses viennent si vite! Qu'est-ce que la fortune d'un joueur? Quelle industrie que celle du jeu ? Elle peut tout nous ravir : l'honneur, la santé, cette riante existence de la jeunesse, et un jour nous laisser la misère ; je suis généreux encore en te disant qu'elle peut te laisser la misère, je ne parle pas du mépris. Car la ruine du joueur n'excite la pitié de personne ; il ne peut pas même conserver l'orgueil de Don Juan qui meurt foudroyé. Sa ruine l'avilit. Que Dieu t'épargne de semblables douleurs ! En parlant ainsi il mit la tête dans ses deux mains, pour cacher la pâleur de son visage.

— Tu es ruiné ! s'écria Chavarot.

Mes amis, reprit Saint-Yves, comme vous, j'ai marché vers un but, la fortune : engagé dans une lutte acharnée, j'ai senti que la victoire m'échappait et que le triomphe m'était impossible. Voilà six mois que je lutte, ma position était connue, on m'a laissé la facilité des bénéfices pendant plusieurs liquidations, puis une main puissante a arrêté ma prospérité. Ces magnifiques bénéfices, loyalement acquis, sont perdus. La partie n'était pas égale, j'ai dû succomber. A ces paroles il jeta sa [serviette sur la table et nous dit : Je vous parle sous l'influence d'une liquidation fatale, quelques centaines de mille francs perdus ; demain peut-être je vous tiendrai un autre langage. Il me tendit la main : Mon cher, me dit-il, vous aviez raisons, le jeu dans la mesure de ses forces. N'est-il pas vrai, vous êtes un sage, moi et mes amis nous sommes des insensés ? — Quelle folie, livrer sa fortune aux chances du jeu ! Allons, buvons encore, qui sait si demain sa baguette d'or ne remplacera pas les mauvaises chances ? C'est infernal, ça, quand l'âme est flétrie par les revers, elle n'est accessible qu'à la tristesse, j'en suis humilié. Il se leva : J'ai une migraine affreuse, nous dit-il, je vais me coucher ; en passant près de Jules de Mercey, son meilleur ami, il faut que je t'embrasse, lui-dit-il ; et moi donc, s'écria de Mercey. Les deux amis s'embrassèrent. — Oh ! ajouta douloureusement Saint-Yves, en tenant la main de son ami, je donnerais bien dans ce moment les cent mille francs qui me restent pour embrasser ma mère !

Il disparut.

Nous restâmes consternés de cette scène inattendue ; mais ce monde-là est si frivole que l'un

des convives s'écria en riant : Il a le vin tendre ;
un autre reprit : Il a vendu des Crédit Mobilier ;
celui-ci ajouta : Il se relèvera ; c'est la plus forte
tête financière de notre époque. La conversation
prit une autre direction, on parla Bourse, des
paris allaient s'engager, des ventes à primes de
dix centimes pour la Bourse du lendemain allaient
se conclure, la pendule sonna une heure du matin,
un bruit sourd se fit entendre, nous restâmes
glacés d'épouvante sans pouvoir nous rendre
compte d'où provenait ce bruit. Je vais voir si
Saint-Yves dort, s'écria de Mercey ; il était souf-
frant, je suis inquiet. — Il prit un flambeau et se
dirigea vers sa chambre. Deux minutes s'écou-
lèrent, la porte s'ouvrit avec fracas. De Mercey
apparut, son gilet blanc taché de sang ; il sécria :
— Saint-Yves vient de se tuer ! Il s'est tiré un coup
de pistolet au cœur ; j'ai cru qu'il dormait, j'ai
mis la main sur sa poitrine, je l'ai retirée pleine
de sang. Ma terreur est si forte que je peux à
peine me soutenir. Il tomba dans un fauteuil.
Nous nous dirigeâmes dans la chambre du malheureux Saint-Yves. Sa figure était calme, on
aurait cru qu'il était endormi. Une lettre était
ouverte sur la table. Elle était ainsi conçue : « Mes

amis, je suis ruiné, je meurs parce que je ne pouvais survivre à cette honte. De Mercey se rendra auprès de ma mère et lui dira que je n'ai pas eu le courage de l'embrasser avant de mourir. — Adieu à vous tous. — Saint-Yves. »

Cette scène affreuse ne corrigea personne. Deux années après cette triste fin, l'un des convives, M. de St-G... se brûla la cervelle au bois de Boulogne, après une perte de huit cent mille francs.

CHAPITRE VIII.

Revue des Valeurs de la Bourse au point de vue de la spéculation.

Nous ne présentons pas cette revue comme l'expression exacte de la vérité, chacun sait les entraînements fréquents que subissent les valeurs. Elles ont sans cesse à souffrir les influences de la spéculation ; tantôt elles éprouvent une extrême lassitude, tantôt elles se relèvent avec une extrême énergie. Ce serait donc une étrange prétention d'en fixer même approximativement les cours. Cette revue effleure plutôt qu'elle n'approfondit les opinions en circulation à la Bourse de Paris. Ce sont les commentaires que nous entendons chaque jour sur la rente et les actions de chemins de fer, ce que l'expérience a pu nous enseigner. Désintéressé dans toutes les questions de hausse ou de baisse, nos opinions sont sincères et d'une date aussi récente que possible. Si nous rencontrons une vérité profitable, des renseignements utiles , des prévisions fondées, nous nous empressons de les dénoncer, mais il ne faut pas leur donner trop d'importance. Nous avouons que nous avons un penchant irrésistible pour les bonnes valeurs. Toutefois ne pas oublier qu'il y a un danger réel à suivre des conseils à longue échéance, à la Bourse, ce qui est vrai aujourd'hui , très-souvent ne l'est plus le lendemain.

Le journal a cette avantage de se placer dans le courant de l'opinion, de la suivre ou de la diriger, sauf ensuite à se donner un démenti. Il vit avec ses contemporains du jour, le livre n'a pas ce même privilége , son caractère est plus sérieux, ses observations plus consciencieuses, il s'inquiète moins du mouvement des fonds publics et des actions du chemin de fer, il prend plus de peine à découvrir la vérité et ses croyances sont plus sincères. Il n'a ni concession, ni complaisance envers personne, il dit ce qu'il sait, sauf au capitaliste et au spéculateur à se rallier ou à abandonner ses opinions; il ne peut pas suivre la Bourse dans ses émotions de chaque jour. On sait les variations auxquelles elle est exposée, mais on sait aussi que ses variations sont passagères, que les actions des chemins de fer finissent toujours par s'en dégager et se réformer sur le tableau de leurs ressources, de leur avenir, et de leurs dividendes.

3 POUR % ET 4 1/2 POUR %.

La condition d'un placement et même d'une spéculation, exige toujours que la valeur qui forme
l'élément de l'opération offre une sécurité à celui
qui lui confie son crédit ou son argent. De toutes
les valeurs inscrites sur la cote de la Bourse, aucune ne présente une solidité plus parfaite que
la rente française. Il est vrai que certains esprits se
plaisent à rappeler qu'à des époques désastreuses
la dette publique avait augmenté dans des pro-
portions si considérables, qu'il fallut la réduire,
par l'impossibilité d'en acquitter les charges. Depuis cette triste époque, les idées financières ont
fait d'immenses progrès. On a reconnu ce principe : c'est dans le crédit de l'Etat que réside sa
force et sa puissance, sans le crédit, il n'y a pas
de gouvernement possible. Les propriétaires qui
sont très-fiers de la solidité de leur position doivent bien se persuader que le jour où, en France,
la rente ne paierait pas ses intérêts, le fermier

à son tour, le locataire de l'appartement, le débi-
teur d'une hypothèque ne paieraient pas le fer-
mage, la location et l'intérêt de leur dette : plus
que jamais il existe une solidarité dans la fortune
publique, et si l'Etat ne remplissait pas ses en-
gagements, il y aurait suspension générale de
paiements. Laissons donc cette hypothèse inad-
missible et abordons les réalités.

D'après le dernier exposé du budget, il y a
un excédant des recettes sur les dépenses ; jusqu'à ce jour, on est parvenu à équilibrer les
dépenses et les recettes, en versant annuellement
les fonds provenant de la dotation de l'amortissement, les remboursements assez considérables
opérés par les compagnies de chemin de fer et
les aliénations domaniales. M. le ministre des
finances a renoncé à ce système ; il a déclaré qu'il
rendrait à l'amortissement ses anciennes attribu-
tions. Quarante millions sont consacrés à racheter
de la rente. C'est le moyen le plus énergique de
soutenir le crédit public. Dès qu'on verra agir
l'amortissement, la rente élèvera ses cours. D'une
autre part, la banque de France s'est engagée,
pour le renouvellement de son privilége, à verser
cent millions au trésor contre des rentes 3 pour %

au cours de 75 fr. On sait aussi qu'il existe une somme importante, formant la dotation de l'armée, laquelle somme est destinée à acheter des rentes. Les départements, par le ministère des receveurs généraux, adressent sans cesse des ordres d'achats de rentes. Les hospices, sans accepter dans toute leur étendue les conseils qui leur ont été adressés, aliènent les fractions les plus improductives de leurs propriétés. Enfin, on se rappelle les mémorables paroles de M. le Ministre des finances : *le grand livre est fermé !* Le fonctionnement de l'amortissement, l'exemption des droits du timbre, le revenu fixe sans réduction doivent nécessairement affermir la rente, et en faire la valeur préférée du capital.

Voilà pourquoi nous l'indiquons à la Bourse de Lyon, comme devant être le véritable élément de la spéculation. Elle peut, comme aux bourses de Marseille et de Bordeaux, vendre de la rente par 300 fr., 600 fr., 1,500 fr. ferme et à prime. Dans sa situation vis à vis des hauts et puissants banquiers de Paris, sans cesse sous le coup de spéculations écrasantes pour une place à peu près sans défense, il est certain qu'elle est logiquement obligée de choisir une valeur qui offre une résistance plus difficile à vaincre. Les banquiers sont à peu près les maîtres du marché ; ils peuvent à leur gré faire baisser ou hausser les actions du Crédit Mobilier et celles des actions des chemins de fer. La rente est plus indépendante, plus robuste et moins soumise à leur influence ; elle doit donc devenir le véritable élément de la spéculation lyonnaise. Il ne s'agit que d'en prendre l'habitude ; elle sera d'autant plus facilement prise, qu'à Lyon, l'intérêt des lettres de change, est à 2 1/2 pour %, et le capitaliste est d'autant plus embarrassé à placer ses capitaux que la plus grande partie des maisons de la ville sont exposées à des démolitions, à des reculements ou à des tracés qui rendent les placements en propriétés très-difficiles. Nous voudrions faire partager aux capitalistes nos convictions et notre confiance dans les placements sur la rente, et aux spéculateurs la sûreté des opérations à terme. J'affirme que dans nos bureaux de Paris j'avais un ami possesseur de 500,000 fr. en valeurs mobilières ; il était acheteur de rentes 3 pour % pour des sommes considérables ; il a été à découvert de 400,000 fr. Il a payé ses différences avec le retour de la hausse et il a réparé ses pertes. Je cite cet exemple pour faire comprendre que les spéculations sur la rente, avec de l'argent et même des reports, n'exposent pas le client, comme ces valeurs impressionnables et fièvreuses, qu'on nomme le Crédit Mobilier et les chemins de fer.

Le 4 1/2 offre la même sécurité que le 3 p. %. Son revenu est plus élevé, mais il est sous le coup d'un remboursement, et la spéculation à terme s'en préoccupe très-peu. C'est ce qui maintient l'écart de l'intérêt en sa faveur.

Il faut de toute nécessité que le 3 pour % soit admis à terme et de préférence à toutes les valeurs. Il faut que la Bourse de Lyon en fasse l'élément principal de la spéculation ou, dans des jours de crise, elle peut créer un péril imminent pour ses clients, et même pour ses agents.

5 POUR % PIÉMONTAIS.

Le 5 pour % Piémontais peut se classer à peu près sur le même rang que le 4 1/2 pour % Français. Il n'en est séparé que par un faible écart. C'est un placement bien accueilli sur les marchés de Paris, Marseille et Lyon. La rente piémontaise n'est pas considérable. Ce pays aurait peut-être quelques instincts révolutionnaires, pas assez vifs pour compromettre la prospérité et la tranquillité publique. Il est rare que cette valeur subisse des entraînements aussi rapides que la rente française. Elle s'élève lentement, elle résiste de même à la baisse, elle est recherchée par la petite propriété, ce qui n'exclut pas les achats de la haute banque.

BANQUE DE FRANCE.

Les actions de la Banque de France sont à peu près exclues du marché de Lyon et rarement cotées. C'est l'un des meilleurs placements que puisse faire le capitaliste. La Banque de France possède un privilége exclusif, et un renouvellement de bail de quarante ans. Elle ne redoute aucune concurrence, puisque elle seule peut émettre des billets au porteur. La confiance qu'elle inspire met dans ses caisses des dépôts considérables sans intérêts. Dans certaines conditions de prospérité, elle peut augmenter considérablement ses dividendes. Sa prudence est extrême et sa sagesse proverbiale ; elle jouit de toutes les faveurs de la richesse et d'une excellente réputation ; nous entrevoyons pour elle un brillant avenir. Mais comme elle ne fait à la Bourse de Lyon l'objet d'aucune spéculation, nous désignerons seulement cette valeur comme un bon placement à demeure, avec une tendance marquée à la hausse de ses actions.

SOCIÉTÉ GÉNÉRALE DU CRÉDIT MOBILIER.

Nous croyons sincèrement que dans les conditions où se trouve la Bourse de Lyon vis-à-vis des banquiers de Paris, le 3 pour % doit être l'élément préféré de la spéculation, mais quoique nous ayons insisté sur le danger de se livrer aux actions du Crédit Mobilier, il ne résulte pas de cette opinion que les actions du Crédit Mobilier doivent être complètement discréditées. Le Crédit Mobilier compte parmi ses administrateurs les financiers les plus habiles de notre époque, ils sont placés au premier rang pour prévoir les mouvements des fonds publics. Ils cherchent essentiellement à maintenir cette Société dans les conditions les plus élevées de richesses et de prospérité. M. Perreire met un peu de tout dans la direction des opérations : de la discrétion, des contre-opérations, une grande expérience, des capitaux considérables, des titres, de l'intelligence et le sentiment le plus vif d'obtenir des succès. Dans le milieu élevé où il vit, il est difficile de croire qu'il n'obtienne pas des succès à peu près certains. Il ne faudrait donc pas se livrer à ces opinions hostiles et bourgeoises contre cette valeur, elles seraient extrèmes et irréfléchies. Ce n'est pas la valeur elle-même qui est dangereuse, ce sont les sentiments de crainte et de terreur qu'elle inspire, sa constitution fièvreuse; ce sont les traditions, qui la représentent, dans la même année, aux deux extrémités opposées de la cote, ce sont les mécomptes de la spéculation qui ne peuvent jamais s'appuyer sur elle sans que l'appui ne manque, n'importe à quel côté elle s'adresse; c'est cette part qu'on lui attribue dans toutes les infortunes qu'on signale à la Bourse; enfin c'est la conséquence inévitable de toutes les agitations que produit infailliblement la ruine des clients. Voilà pourquoi la spéculation sur le Crédit Mobilier est périlleuse et pourquoi nous blâmons cette tendance de la Bourse de Lyon à lui donner la préférence sur toutes les valeurs inscrites sur la cote; les conditions financières dans lesquelles existe le Crédit Mobilier ne sont nullement inquiétantes. Il peut très-bien produire un bon revenu, il patrone d'excellentes entreprises : le gaz parisien, les omnibus de Paris, le Rivoli, il a des rentes du 3 pour % français en portefeuille, il patrone les chemins de fer Autrichiens, les chemins de fer Russes, les chemins de fer du Midi et du Dauphiné, il fait des avances à ces diverses compagnies, il rend des services aux Sociétés qu'il a créées, enfin il est incontestable qu'il possède une excellente clientèle et un crédit européen. Par l'expérience de ses directeurs, il est initié à toutes les dextérités de la spéculation, il est dans les conditions d'un dividende honorable, seulement par sa nature emportée, indocile, décourageante, capricieuse, impressionnable, brutale, il impressionne les clients de la Bourse à la façon des moutons de Panurge, en sorte que lorsque paraît le danger d'un côté ou d'un autre, tout le monde s'y précipite à la fois; ce qui produit de si cruels mécomptes à ceux qui ne sont pas du bon côté. Avec de semblables allures, dans les conditions où se trouve placée la Bourse de Lyon, il nous est démontré de la façon la plus irréfragable, qu'elle est à la merci des banquiers parisiens.

CHEMIN DE FER D'ORLÉANS.

Il peut exister quelque sujet d'inquiétude, sur l'avenir du chemin de fer de l'Orléans ; on n'accepte pas comme une excellente affaire, l'acquisition des embranchements du Grand-Central ; elle obligera l'administration à faire de nouveaux emprunts. Sans doute, l'État a promis la garantie d'un minimum d'intérêt, mais, prévision ou analogie avec la fusion des chemins de fer de Strasbourg et du Mulhouse, la Bourse n'a jamais donné son assentiment à ces nouvelles concessions, et depuis que le traité a été signé, les actions du chemin de fer de l'Orléans ont subi très-souvent les humiliations de la baisse, et très-souvent il a servi à des arbitrages faits à ses dépens en faveur du Lyon-Méditerranée. Cependant, ce n'est qu'à partir du jour de l'exploitation complète de cette grande ligne, qui aura lieu en 1865, que les intérêts des deux réseaux seront confondus. Or, le produit de l'Orléans s'élèvera toujours de 85 à 90 fr. il est évident que ce produit maintiendra le cours de ses actions.

Malgré les précédentes observations, nous plaçons les actions du chemin de fer de l'Orléans, au premier rang des valeurs inscrites sur la cote ; depuis quinze ans ce chemin fait ses preuves de recettes et de moralité. Sans doute ses recettes, dans le courant de cette année, ont passé par des alternatives de hausse ou de baisse comme celles de toutes les autres lignes. En résumé, elles se balanceront à peu près avec celles de l'année précédente. Il est vrai qu'il y a une augmentation de 103 kilom., mais on sait aussi que chaque année l'administration étudie avec soin les moyens de réduire les frais de l'exploitation. Ce qui contribue à peser souvent sur le cours des actions de l'Orléans , c'est le prix élevé de l'action. Avec le montant du prix de vingt-cinq Orléans, on achèterait presque 50 actions du chemin de fer de Lyon, et comme ces deux lignes obtiennent une part égale dans les faveurs de la hausse, les bénéfices s'élèvent plus vite en achetant du Lyon qu'en achetant des actions de. l'Orléans ; aussi les arbitrages se font souvent en faveur du Lyon contre l'Orléans.

On ne peut pas nier les afinités du présent avec l'avenir, il est possible que les nouveaux traités apportent un jour une pertubation dans les produits de cette grande ligne. Cependant l'acquisition d'une fraction du Grand-Central est un danger plus apparent que réel ; l'État a garanti l'intérêt des sommes dépensées et les recettes doivent augmenter chaque année. Le présent est plein de prospérité , l'avenir ne peut inspirer aucune inquiétude, la fortune s'est toujours montrée favorable à ce chemin ; au fur et à mesure que les années se sont écoulées, il a vu augmenter le transport des marchandises et des voyageurs; il est probable que l'avenir lui apportera les mêmes avantages. Dans la situation du marché de Lyon, on peut accepter les actions du chemin de fer de l'Orléans, comme la valeur la plus rassurante du parquet et celle qui expose le moins le spéculateur.

Les actions de ce chemin sont soumises à un tirage annuel; il paye les intérêts et une fraction de dividende au premier octobre et le solde du dividende au premier avril.

CHEMIN DE FER DE LYON.

Les conditions de supériorité de la ligne de Lyon nous paraissent au-dessus de celles des autres lignes de la cote. Le chemin de Paris à la Méditerranée est plus particulièrement lié à la prospérité du commerce. C'est la route qui relie l'Océan et la Méditerranée. Qu'il nous soit permis de faire entrevoir la brillante destinée promise à cette ligne. Elle part de Paris et arrive à Marseille, la ville de France à laquelle un avenir rapproché promet les plus hautes destinées. Quant au présent les recettes s'accroisssent sans cesse. Son ancien réseau reste intact et séparé du nouveau. Avec ses tarifs différentiels, elle ne redoute plus la concurrence fluviale. Les recettes de cette année se nivellent avec celles de l'année passée, et cependant l'année a débuté par une crise commerciale. Il est vrai qu'un jour viendra où elle entrera en concurrence avec le chemin de fer du Bourbonnais ; il en résultera un prélèvement important sur les recettes, puisque la ligne du Bourbonnais offre une réduction du parcours kilométrique ; mais cette dernière ligne étant devenue la propriété du chemin de la Méditerranée , la concurrence n'a plus la même importance, puisque les recettes entreront dans la même caisse. Sans doute encore, son traité avec le Genève est onéreux, la section de Roanne à Tarare, dont la distance est de 80 kilomètres, exigera des dépenses considérables, mais la Compagnie a le temps pour elle, et pendant que les travaux s'achèveront , la prospérité de Marseille se développera , son commerce engagera des opérations avec le vaste empire de la Chine, le canal de Suez se terminera, l'Afrique, avec son administration nouvelle, deviendra une vraie province française. Les ports de Marseille s'agrandiront et cette grande ligne de Paris à la Méditerranée deviendra la première ligne de l'Europe. Lyon a vu sous ses yeux son petit chemin de fer de Saint-Etienne enrichir ses propriétaires. Nous avons pour habitude de retenir nos opinions dans une certaine mesure de modération pour rester aussi près que possible de la vérité. Sans contredit la ligne de Lyon ne peut pas atteindre une aussi haute prospérité que celle e l'ancien chemin de Saint-Etienne, qui d'ailleurs a été chiffrée plutôt par la spéculation que sur sa véritable valeur; mais il est certain que le chemin de Lyon par sa position, ses recettes, ses aboutissants, offrira aux excitations de la spéculation des occasions exceptionnelles ; à plusieurs reprises nous verrons escompter son avenir, et même il est probable que la spéculation sera assez hardie pour le fusionner plusieurs fois avec le canal de Suez.

Il n'y a pas de défaillance possible dans cette ligne, elle a franchi ses mauvaises phases. Son administration est économe, trop économe même pour le bien-être des voyageurs ; dans les trains express chaque compartiment est toujours complet, et pour le transport des marchandises le nombre des wagons est insuffisant. Nous devons pourtant ajouter que la prospérité des actions des chemins de fer doit être soumise à la situation financière des Compagnies. Il n'y a pas possibilité de connaître les emprunts de l'avenir pour achever les embranchements ; si ces sortes d'entreprises font des économies de wagons pour le transport des voyageurs dans la direction des travaux, elles ne sont pas toujours soumises à une économie sévère ; l'esprit général qui les dirige est souvent disposé à la dépense ; mais heureusement ces épreuves sont passagères, il reste toujours devant soi le champ immense des prévisions fondées sur les changements merveilleux que doivent apporter dans nos relations commerciales la nouvelle route des Indes, la transformation de l'Afrique et la prospérité de Marseille ; soit pour le portefeuille, soit pour la spéculation, il faut donner la préférence aux actions du chemin de fer de Lyon.

CHEMIN DE FER DE GENÈVE.

Dès l'origine, la ligne de Genève à Lyon s'est placée dans de mauvaises conditions. Les dépenses ont immédiatement dépassé les devis. Traduite à la barre des journaux financiers, ils ont fait naître les appréhensions les plus inquiétantes sur le produit de ses actions. Nous devons en convenir, malgré l'accroissement de ses recettes comparées, c'est avec peine qu'il se relève de cette position défavorable. Après avoir déclaré que les dépenses ne dépasseraient pas la somme de 62,250,000 fr., il a fallu convenir qu'elles s'élèveraient au moins à 112,500,000 fr. Ce changement dans le programme des dépenses était bien fait pour décourager les actionnaires ; heureusement que le traité conclu avec le chemin de fer de Paris à la Méditerranée est intervenu pour les réconcilier avec l'administration. Ce traité a réhabilité la condition de ce chemin, qui cependant se présente encore dans des conditions fort incertaines, et ne paraît pas encore affranchi de toutes ses épreuves, je veux parler de la faiblesse des revenus en présence du capital dépensé. Sans doute la ligne de Genève prendra un jour sa part dans la brillante destinée réservée à la grande ligne de la Méditerranée. Les actions seront échangées contre des actions de la ligne-mère sur le pied de leur produit, en y ajoutant 36 pour %. Mais si la ligne de Genève fait payer au compte de premier établissement le transport des matériaux destinés à le construire, la grande compagnie acceptera-t-elle ces sortes de recettes comme des produits légitimes ?

Les travaux d'art de cette ligne sont nombreux; les ponts très-exposés à la violence des eaux ; il faut espérer qu'il ne surviendra aucun accident, malgré son redoutable voisinage. La spéculation reste toujours indifférente sur cette valeur, et soit à Paris, soit à Lyon, le marché n'offre pas beaucoup d'activité. Les intérêts des actions sont payés sur le pied de 3 %.

Le capitaliste qui a sous sa main des actions de chemin de fer d'un revenu plus productif et à des cours très-rapprochés du Genève, leur donne la préférence, On remarque que les cours des actions du Genève sont presque toujours plus élevés à la Bourse de Lyon qu'à la Bourse de Paris, ce qui semble indiquer que les capitalistes génevois ou lyonnais soutiennent le cours des actions ; quant à la Bourse de Paris, elle en use avec beaucoup de modération.

CHEMIN DE FER DU MIDI.

Les actions du chemin de fer du Midi sont assez froidement accueillies sur le marché de Lyon. Il est probable que quelques agents s'en occupent pour faire des arbitrages, ou dans les intérêts de la Société du Crédit Mobilier. On a dans un temps cherché à surexciter la spéculation par des articles de journaux. La hausse se produisit, mais la réaction ne tarda pas à ramener les actions à des cours plus modérés. Le prix des actions de ce chemin, malgré l'accroissement de ses recettes, n'est pas en rapport avec ses produits. C'est à peine si, en 1860, le revenu de ses actions s'élèvera de 20 à 25 fr. Il est encore en instance auprès de l'Etat pour obtenir les avantages et les garanties accordées aux compagnies d'Orléans, de Lyon et de l'Est. Les recettes ont repris une certaine activité, toutefois, elles ne permettent pas d'obtenir encore des dividendes. Ce qui s'y opposera, ce sont les intérêts à payer aux capitaux employés dans la construction du chemin. Les dépenses ont été considérables. Sans contredit, ce chemin n'est pas dans la plénitude de ses forces ; il se préoccupe de l'établissement du réseau pyrénéen; cette annexion qui le reliera avec l'Espagne ajoutera-t-elle à ses produits dans la proportion des dépenses ? Cela est incertain. Le trafic des Pyrénées ne permet pas une circulation de marchandises et de voyageurs très-active. L'Administration fait de grands efforts pour augmenter sa circulation. La fortune des chemins de fer éloignés de Paris, nous semble très-limitée ; pour eux la source des dividendes est ce grand Paris. Mais nous n'admettons le trafic de ces sortes d'actions que sur le marché de Paris.

Sur le marché de Lyon, il ne peut être qu'une occasion pour des banquiers de Paris d'écouler quelques actions dans les portefeuilles lyonnais, ou de faire des arbitrages à leur préjudice. La place de Lyon doit d'autant moins s'en préoccuper que, dans les réactions en baisse, la vente est très-difficile. Les actions de chemins de fer de second ordre exposent toujours le client à des pertes plus considérables que des actions qui se défendent avec des intérêts et des dividendes.

CHEMIN DE FER DU NORD.

L'accroissement des recettes de ce chemin, depuis sa création, a toujours été en progrès ; même pendant la crise commerciale, elles se sont maintenues au niveau des bonnes années. Ce chemin se présente dans les conditions les plus rassurantes et offre les garanties les plus complètes. Les dividendes augmentent chaque année. Si, pendant une année de crise, ses recettes se sont maintenues au niveau des recettes de l'année précédente, il faut admettre qu'avec une nouvelle période de prospérité, elles doivent augmenter et, comme conséquence, que le cours des actions en éprouvera une hausse assurée. Les nouvelles concessions qui ont été accordées à cette ligne ont obligé la Compagnie à faire une émission d'actions nouvelles ; ces actions entreront en partage avec les anciennes en 1860, 61 et 62; l'administration fait achever en ce moment des travaux qui doivent exercer la plus

héureuse influence sur l'avenir de ses actions.
Les embranchements nouvellement concédés, tra-
versent nos villes populeuses, nos départements
les plus riches ; ces divers embranchements doivent produire un grand accroissement de recettes.
Comment se fait-il que les actions du chemin de
fer du Nord placées sous la protection particulière et dévouée de **M.** de Rostchild, offrant d'ailleurs toutes les conditions d'un bon placement
et d'un bon revenu , soient à peine admises sur
le marché de Lyon; assurément on entend plus
fréquemmnnt offrir des actions du chemin de fer
du Midi que des actions du chemin de fer du
Nord.

Sans aucun doute, les actions du Nord présen-
teraient une plus vive résistance aux surprises
venant de Paris que des actions du Midi. On
dirait que les agents de change lyonnais s'atta-
chent de préférence à des valeurs offrant des
chances aléatoires qu'à des valeurs offrant des
bénéfices à peu près assurés ou tout au moins
une résistance beaucoup plus ferme à la réaction
que des actions purement spéculatives.

La situation financière de la Compagnie du
chemin de fer du Nord, lui a permis de refuser

sa participation dans les avances faites sur obligations aux autres Compagnies; aussi le cours
de ses obligations dépasse toujours celui des obligations d'Orléans et de la fusion, celles du chemin
de Paris à la Méditerranée.

CHEMINS DE FER AUTRICHIENS.

Lorsque les chemins de fer Autrichiens parurent sur le marché de Lyon, ils excitèrent un véritable engouement ; la Société du Crédit Mobilier profita de cette bonne disposition des spéculateurs lyonnais pour en surcharger la place. Les portefeuilles en sont toujours encombrés et les clients sont peu disposés à les aliéner définitivement dans les cours actuels. La question du présent et de l'avenir de la Compagnie des chemins dè fer Autrichiens exigerait de sérieuses études, les comptes-rendus de cette Société sont présentés dans les termes les plus habiles et avec les tendances les plus productives, on leur promet toujours un brillant avenir. On peut étudier un chemin de fer français, on connaît le point du départ et celui de l'arrivée, la population et l'industrie des départements qu'il parcourt ; ses recettes et ses dépenses sont des appuis sur lesquels on peut baser une opinion, tandis que l'empire d'Autriche nous est inconnu. Nous avons, il est vrai, les recettes de la semaine, mais elles sont exploitées par les banquiers allemands avant les spéculateurs parisiens. Malgré les promesses de l'avenir chaque année, les actions de ce chemin semblent incliner vers la baisse. Les recettes diminuent également; toutefois, il nous semble dangereux de se mettre à découvert sur cette valeur. La Compagnie touche au terme de ses travaux, elle a achevé de se libérer envers l'État autrichien.

Malgré les réductions survenues dans les dernières recettes, celles de cette année dépasseront les recettes de l'année précédente. Le produit de ses mines et de ses usines est en augmentation. Il existe encore cette circonstance que la Compagnie fait des démarches actives pour se mettre en communication directe avec la ville de Vienne. Si elle obtient sa jonction avec la Compagnie de la Nord-Bahn, elle peut entrer dans Vienne. Cette jonction exercerait une certaine influence sur les recettes et le cours de ses actions et surprendrait le découvert. Il y en aura toujours sur cette valeur; ajoutez que le Crédit Mobilier aidant, on pourrait déterminer une forte reprise,

toutefois la baisse des recettes n'est pas con-
cluante, le porteur d'actions Autrichiennes ne doit
pas se décourager. La Compagnie des chemins
de fer Autrichiens a cet avantage sur les Compagnies françaises qu'elle touche au terme de ses
travaux, tandis que les grandes Compagnies françaises ont des embranchements à achever. Leur
compte de premier établissement est toujours
ouvert ; celui des chemins de fer Autrichiens
sera bientôt fermé. La protection du Crédit Mobilier peut exercer une grande influence sur le
cours des actions ; au surplus, il faut se rappeler que la spéculation en hausse ou en baisse
sur les actions de cette Compagnie est la chose
des Banquiers allemands, leur puissance est incontestable, la lutte impossible et leur influence
est telle que toute opération faite par un client
ordinaire, est complètement livrée aux chances
du hasard. Les actions du chemin de fer le
Lombard-Vénitien, ont pu en détourner la spéculation à leur profit, mais elle reviendra aux chemins de fer Autrichiens.

CHEMIN DE FER DE L'EST.

Les actions du chemin de fer de l'Est se présentent rarement sur le marché de Lyon. Aucun des chemins de la Bourse de Paris ne possédait un plus beau domaine que le chemin dè Paris à Strasbourg ; mais il fallait conserver ce domaine tel que la concession en avait été primitivement accordée. Si de nouvelles sections et fusions n'étaient pas intervenues pour troubler sa prospérité, aujourd'hui les actions de Strasbourg dépasseraient le prix des actions du chemin de fer d'Orléans. L'histoire des chemins de fer dira un jour quelle fut la cause de cet entraînement des administrateurs à fusionner toutes les lignes qni les approchaient. L'Etat avait fait un pont d'or au Strasbourg, et le résumé de tous les efforts est d'avoir fait descendre les actions au prix des lignes les plus secondaires. Quelle réponse faire à ces chiffres. Le Strasbourg était coté 1090 francs, aujourd'hui il est coté 700 francs. — Les actions de cette ligne ont été souvent emportées par la baisse ; mais cependant on exagère les difficultés de sa situation. Le trafic de l'Est n'est pas complet, il a de l'avenir, il doit faire sa jonction avec la Belgique, la Prusse-Rhénane, le duché de Luxembourg, le duché de Bade, par le pont de Strasbourg, à Kelh, la Suisse, le chemin de Lyon, ces diverses contrées doivent nécessairement ajouter un trafic important à sa circulation. Son petit chemin de Vincennes sera très-productif : chaque année la compagnie augmente le nombre des kilomètres à parcourir, il en résultera une augmentation des produits. Ce qui nous inquiète, c'est l'énormité de sa dette, celle de ses dépenses, des travaux exécutés sur la ligne de Mulhouse et l'augmentation de son compte de premier établissement. Cette année est une année d'épreuve, espérons toutefois qu'il démentira les aperçus approximatifs des journaux financiers, qui trop souvent renouvelés, ont découragé la spéculation.

Le chemin de l'Est entre en partage avec l'Etat en 1861. La Compagnie paye les intérêts le 1er novembre et le dividende le 1er mai.

CHEMINS DE FER RUSSES.

Une Compagnie puissante s'est rendue concessionnaire des chemins de fer Russes. Elle a obtenu une garantie de l'État de 5 pour % pour intérêt et amortissement, le gouvernement lui a abandonné les travaux exécutés sur la ligne de Varsovie, évalués à 85 millions, il a accordé dix années pour l'exécution des travaux. De nouvelles études sur cet immense réseau ont mis en évidence un fait d'une haute importance pour les intérêts de la Compagnie, il sera possible d'éviter la traversée des marais, et la construction d'aqueducs et des tunnels, sauf cependant les ponts sur le Niémen et la Duna. Dans ces contrées, les ouvriers ne sont ni chers ni rares et les terrains s'obtiennent à bon compte. Cette situation est tout à fait favorable. Il est en outre probable que la Société libèrera ses actions à 400 fr. En abordant des considérations plus élevées, cette grande ligne promet de devenir l'une des merveilles du monde;

elle touchera d'un côté la Chine qui s'ouvrira au commerce Russe, et de l'autre, en se reliant aux chemins Allemands, elle entrera en communication avec Paris ; malgré ces riches espérances les actions des chemins Russes s'acclimatent difficilement sur le marché de Lyon ; il faut le dire avec franchise, la Bourse est peut-être injuste envers les chemins étrangers, mais elle éprouve peu d'entraînement pour ces sortes de valeurs.

Elle suppose qu'il existe une puissance occulte, un syndicat qui fait hausser ou baisser à volonté les actions ; dès qu'elles atteignent un certain chiffre on les livre en liquidation puis elles baissent de nouveau et on recommence les mêmes manœuvres.

Le marché, en montrant une grande défiance pour les valeurs étrangères, prouve qu'il agit avec une grande prudence. Ces sortes de chemins vivent sous l'empire d'une constitution sans contrôle, où les fondateurs se sont attribué des réserves très-avantageuses. Au surplus, le cours des actions des chemins étrangers est la mesure de la confiance qu'ils inspirent. Les primes sont faibles depuis un an qu'ils sont inscrits sur la cote et il est évident que la Bourse ne compte pas sur de grands bénéfices à venir. La correspondance des voyageurs et des maisons lyonnaises établies en Russie est loin d'être favorable aux lignes Russes ; il y aura une lutte éternelle contre le climat et les longs hivers de ces froides régions. Le gouvernement Russe garantit un intérêt de 5 pour % en attendant les dividendes ; les actions des lignes du Nord sont purement et simplement du 5 pour % Russe.

L'ensemble du réseau sera de 4000 kilomètres.

Durée de la concession : 85 ans.

Intérêts au 1er janvier et au 1er juillet.

CHEMINS DE FER LOMBARDS-VÉNITIENS.

Les chemins Lombards-Vénitiens étant administrés par l'État Autrichien, ils ont été cédés à la Compagnie actuelle, représentée par Messieurs de Rotschild frères. Ces chemins se composent d'une grande ligne se dirigeant de Trieste sur Milan, par Venise, Vérone, Brescia; ils se prolongent encore de Milan vers la frontière de Sardaigne. Il existe d'autres concessions, mais elles sont à l'étude. Le capital à dépenser est fourni par les actions et les obligations. Il s'élève à 300 millions. En analysant la position financière de cette ligne, ses ressources, ses recettes, les royaumes et les villes qu'elle traverse, on ne croit pas que son revenu sera en rapport avec son prix d'émission augmenté d'une prime de 120 fr. avant que les versements soient achevés, que les travaux soient terminés et que les recettes aient promis des produits satisfaisants. La population et l'industrie de ces contrées ne peuvent pas entrer en comparaison avec celles des départements français. Il est vrai que l'État Autrichien garantit un intérêt de 5 pour % sur le prix d'émission. Qu'est-ce que la garantie d'un intérêt de 5 pour % comparée aux subventions considérables accordées aux chemins de fer français?

Sans les subventions accordées aux chemins de l'Est et de l'Ouest, que seraient-ils devenus? En concédant une prime aux actions des chemins Lombards-Vénitiens, on escompte d'avance leur avenir. Répondra-t-il à ces promesses? La réponse ne peut pas être affirmative. Les actions au cours de 610 fr. nous paraissent cotées à un prix excessif. Ce chemin n'a point encore fait ses preuves, ainsi que le disait un petit journal. La prime au lieu d'être en dehors devrait être en dedans. Ce n'est pas l'État Autrichien qui paye la subvention, c'est l'actionnaire. Dans cette situation, nous croyons qu'il est prudent d'abandonner au marché parisien le trafic de ces sortes d'actions. Laissons-lui l'avantage d'accorder des primes, de faire les versements, et plus tard, quand les produits seront parfaitement assurés, on pourra l'admettre sur le marché lyonnais.

CHEMIN DE FER DE SARRAGOSSE.

Le chemin de fer de Sarragosse offre un problème à résoudre ; les recettes augmentent et les actions baissent. Il y a un côté ténébreux dans cette situation. Le programme de cette ligne est beau, elle va de Madrid à Alicante et de Sarragosse elle ira rejoindre Bayonne, de Bayonne elle entrera en communication avec Paris. Cette perspective semble lui promettre un rang distingué parmi les lignes de fer méridionales et cependant les actions ne se relèvent pas. Sa prospérité ne semble qu'apparente. Il est valétudinaire de naissance, ses fondateurs ne lui ont peut-être pas laissé des forces suffisantes pour jouir d'une santé brillante, cependant il a été admis au parquet de Paris, on l'a négocié à terme. La coulisse en a fait l'une de ses valeurs favorites, il a obtenu une subvention de 55,245 fr. par kilomètre sur la ligne de Madrid à Sarragosse. Voilà ce nous semble des avantages incontestables. Comment se fait-il que les actions de ce chemin restent liées à leur prix d'émission?

Les recettes révèlent des augmentations incessantes ; la méfiance du public existerait-elle dans les conditions de la concession ? Aux termes des Statuts, les concessionnaires ont cédé leurs droits sans réserve , moyennant la plus value de 10,000 fr. par kilomètre sur la ligne d'Alicante , plus une rétribution de 40,000 piastres à laquelle il faut ajouter la quote-part des produits annuels qui sera de 5 pour %. Certes , si les actionnaires se plaignent , ils auraient tort , qu'ils attendent, ils obtiendront plus tard des dividendes , c'est une question de patience.

Le fonds social est de 120 millions divisés en 240 mille actions , plus 60 millions d'obligations.

Le siége de la Société est à Madrid.

OBLIGATIONS DE CHEMINS DE FER.

Dans les conditions actuelles de la Bourse, l'obligation des chemins de fer devrait être la valeur préférée des capitalistes. Les obligations s'adressent à tout le monde. Jusqu'à ce jour, malgré les nombreuses émissions, les capitaux ne semblent pas disposés à se lasser de ce placement. Il n'offre pas les émotions de perte ou de bénéfice qu'on éprouve en spéculant sur les actions de chemins de fer, mais il a cet avantage de présenter une sécurité plus complète. Les obligations de chemins de fer ont pour garantie : la concession des chemins, les immeubles, le matériel, la préférence sur les actions, un tirage annuel, et un écart énorme entre le prix d'achat et celui du remboursement. Il est vrai que les chances sont d'une faible importance en raison du nombre des obligations, mais vous n'en avez pas moins en portefeuille un titre de 500 fr. acheté à 300 fr. — Autant l'hypothèque que vous offrent les notaires est entourée de formalités, de lenteurs et souvent de procès, autant l'obligation nouvelle est simple dans sa forme, sa transmission, la facilité de la réaliser, et la régularité du paiement de ses intérêts. Il arrive souvent que la rente, les actions de chemins de fer supportent de fortes baisses, l'obligation conserve ses cours avec une extrême fermeté. Il faut tout dire, ce qui pourrait exercer une fâcheuse influence sur cette valeur, ce sont les émissions considérables de ces sortes de titres. On a bien suspendu jusqu'au mois de juillet prochain l'émission de nouveaux titres, mais au mois d'avril les administrateurs des compagnies de chemins de fer réuniront leurs actionnaires et demanderont l'autorisation de faire de nouveaux emprunts. Comme les nouvelles obligations ont les mêmes priviléges que les anciennes et qu'elles seront émises à des cours au-dessous de ceux cotés à la Bourse, on vendra les anciennes pour acheter les nouvelles. L'hypothèque sur la propriété fait une distinction entre la première et la seconde inscription. L'obligation du chemin de fer ne reconnaît pas cette distinction, il n'y a pas d'autre différence entre elles que celle qui existe dans les tirages plus ou moins rapprochés. Si chaque année on renouvelle les émissions, malgré toute la solidité du gage ces emprunts successifs pèseront sur les cours des actions et des obligations. Le grand livre de l'État est fermé, il serait à désirer que le grand livre des compagnies fût à son tour fermé, l'obligation des chemins de fer reprendrait bien vite la direction de la hausse et ses cours se mettraient immédiatement en rapport avec ses revenus et ses tirages. Jusqu'à ce que le réseau français soit achevé, il ne faut pas s'attendre à une suspension d'émission. C'est avec les obligations que les chemins de fer se termineront. Il faut ajouter que les obligations devant être remboursées dans un délai qui varie de 60 à 90 ans, il faut admettre qu'à ces époques éloignées l'argent n'aura pas la valeur actuelle, c'est dans cette prévision que les compagnies ont fait ce pont d'or aux capitalistes

Les obligations de chemins de fer sont devenues la caisse d'épargne d'un grand nombre de petits capitalistes, d'ouvriers et de domestiques, c'est un véritable progrès et en même temps un bienfait pour les classes inférieures.

Pourquoi existe-t-il une différence entre le prix

de certaines obligations? La différence provient 1º du délai à courir pour le remboursement, 2º du nombre des obligations, 3º de la garantie de l'État, 4º du montant de la dette dans ses rapports avec la valeur des chemins de fer. Ces distinctions nous paraissent peu fondées ; elles disparaissent pour certains chemins, ainsi les obligations du chemin de fer du Nord ne sont pas garanties par l'État et le prix en est plus élevé que celles de l'Orléans qui ont obtenu la garantie.

On a encore posé cette question :

Si un chemin de fer venait à suspendre ses travaux ou était exposé à une grande diminution de recettes, l'État qui a garanti les obligations payerait-il les intérêts? La réponse est dans le cahier des charges de l'une des compagnies de chemins de fer, il s'exprime ainsi : Lorsque l'État aura, à titre de garantie, payé tout ou partie d'une annuité d'intérêt ou d'amortissement, il sera remboursé sur les bénéfices nets de l'entreprise avant tout prélèvement d'intérêt ou de dividende quelconque, au profit des compagnies.

On a souvent réclamé l'autorisation de vendre des obligations à terme. Elle sera toujours refusée dans les intérêts de la rente et des actions de chemins de fer. Ce serait une concurrence qui leur nuirait assurément. L'une des améliorations que pourrait exercer une certaine influence sur le placement des obligations, serait celle de substituer un titre unique et uniforme à tous les titres émis par les compagnies et de leur accorder la garantie de l'État ; dans la situation c'est une simple fiction, puisque la valeur mobilière et immobilière des chemins de fer offre une responsabilité telle que la garantie est tout à fait sans péril.

Il existe une nature d'obligations sur le marché de Paris que nous voudrions voir admettre sur le marché de Lyon : ce sont les obligations foncières qui réunissent la solidité du placement mobilier et immobilier, elles ont un tirage tous les trois mois, il y a un lot de 100,000 fr., elles sont fractionnées depuis 100 fr. jusqu'à 1,000 fr. C'est la valeur de l'homme prévoyant, un fonds de réserve, la dot de ses enfants, l'assurance de la conservation de la fortune, le bénéfice à mettre de côté pour le voir grossir par d'autres bénéfices encore, l'héritage de l'avenir, l'épargne de l'économie et un secours contre le malheur. On peut leur livrer sa confiance et son argent de préférence choisir celles cotées de 460 à 465 produisant 4 pour %.

Voici le tableau des obligations garanties par l'État, non garanties et l'époque des tirages et du payement des intérêts.

Tirage des obligations des chemins de

OBLIGATIONS DES CHEMINS DE FER.	INTÉRÊTS.	JOUISSANCE	
Nord	15	1er janvier, 1er j	
Béziers	7 50	1er mai, 1er nov	
Autrichiens	15	1er mars, 1er sep	
Est	15	1er juin, 1er décem	
Ouest	15	1er janvier, 1er j	
Orléans	15	—	
Bourbonnais	15	—	
Lyon à la Méditerranée . . .	15	—	
Lyon à Genève	15	—	
Lyon	15	1er avril, 1er oct	
Ardennes	15	janvier et juillet	
Midi	15	—	—
Dauphiné	15	—	—
Paris, Lyon et Méditerranée.	15	—	—

anties ou non, date du payement des intérêts.

GARANTIS PAR L'ÉTAT.	DATE DE L'ÉMISSION.	DATE DU 1er TIRAGE.	DATE DU DERNIER TIRAGE.
on garanti.	1851	1852	1926 et 1947
— — — —	1855	1858	1926
— — — —	1856	1858	1947
— — — —	1856	1858	1949
aranti pendant 50 ans. . .	1855	1858	1951
aranti pendant 50 ans. . .	1852	1853	1951
on garanti.	1854	1855	1953
garanti pendant 50 ans. . .	1855	1856	1954
on garanti.	1857	1857	1954
— — — —	1855	1856	1954
— — — —	1857	1861	1955
garanti pendant 50 ans. . .	1857	1858	1957
on garanti.	1857	1859	1957
— —			

Tirage des obligations des chemins des fer, garanties ou non, date du payement des intérêts.

OBLIGATIONS DES CHEMINS DE FER.	INTÉRÊTS.	JOUISSANCE.	GARANTIS PAR L'ÉTAT.	DATE DE L'ÉMISSION.	DATE DU 1er TIRAGE.	DATE DU DERNIER TIRAGE.
Nord	15	1er janvier, 1er juillet	non garanti.	1851	1852	1926 et 1947
Béziers	7 50	1er mai, 1er novembre	— — — —	1855	1858	1926
Autrichiens	15	1er mars, 1er septemb	— — — —	1856	1858	1947
Est	15	1er juin, 1er décembre	— — — —	1856	1858	1949
Ouest	15	1er janvier, 1er juillet	garanti pendant 50 ans.	1855	1858	1951
Orléans	15	— —	garanti pendant 50 ans.	1852	1853	1951
Bourbonnais	15	— —	non garanti.	1854	1855	1953
Lyon à la Méditerranée	15	— —	garanti pendant 50 ans.	1855	1856	1954
Lyon à Genève	15	— —	non garanti.	1857	1857	1954
Lyon	15	1er avril, 1er octobre	— — — —	1855	1856	1954
Ardennes	15	janvier et juillet.	— — — —	1857	1861	1955
Midi	15	— —	garanti pendant 50 ans.	1857	1858	1957
Dauphiné	15	— —	non garanti.	1857	1859	1957
Paris, Lyon et Méditerranée.	15	— —				

SOCIÉTÉ DU CREUZOT.

Les actions de la Société du Creuzot sont spécialement admises sur le marché de Lyon. C'est une valeur de portefeuille, d'un revenu d'environ 8 à 10 pour % sur les cours actuels. Aucune spéculation n'est engagée sur ces sortes d'actions, c'est un excellent placement. Il paraît offrir sécurité et en même temps un intérêt avantageux.

Jouissance juin et décembre.

HOUILLÈRES DE LA LOIRE.

Il est superflu de rappeler l'origine des nouvelles Sociétés issues de l'ancienne Compagnie de
la Loire. Ce fractionnement de l'ancienne Compagnie en quatre groupes s'est opéré en même
temps que le Gouvernement exigeait la fusion des
lignes de fer. Cette division s'est faite dans des
intérêts généraux pour établir une concurrence
au profit des consommateurs. Chaque année la
consommation de la houille augmente. Les chemins de fer, les bateaux à vapeur, l'éclairage au
gaz, les fonderies et forges et le chauffage exigent
des approvisionnements considérables. Les wagons du chemin de fer de Lyon ne suffisent pas
au transport de la houille. La consommation ira
sans cesse en augmentant et comme conséquence, les actions des quatre charbonnages
  de Montrambert,
   Saint-Étienne,
   La Loire,
  et Rive-de-Gier,

suivront la progression de la consommation, cependant la Bourse de Lyon ne donne pas à ces
actions la même importance qu'elle leur accor-
dait autrefois. On consacrait une demi-heure
pour traiter exclusivement les actions des mines
de la Loire, aujourd'hui on leur témoigne une
certaine indifférence. Parmi les quatre groupes,
celui qui a le plus d'avenir et qui mérite la préférence, c'est le groupe de Rive-de-Gier.

Le Produit total des quatre groupes pendant
l'exercice de 1858 a été de 25 fr.

GAZ DE LYON.

Par son rapprochement des houillères de la Loire, la facilité des transports, la distillation du charbon, la Compagnie du gaz de Lyon se trouve dans des conditions particulières de prospérité. Les progrès de la chimie ont fait découvrir des procédés qui permettent d'utiliser les résidus qui n'étaient susceptibles d'aucun emploi. Cette Société possède un privilége de 50 ans; elle est dans des conditions bien plus avantageuses que celles de la Compagnie du gaz parisien. Ce dernier est obligé de laisser prélever, au profit de la ville de Paris, une fraction de son bénéfice. Les actions du gaz de Lyon ont cet avantage que les nombreux projets d'ouvertures de rues et d'embellissements de divers quartiers développeront une grande augmentation dans la consommation du gaz. Ces actions auraient certainement atteint un chiffre plus élevé sans l'acquisition de la houillère de Tartara.

SOCIÉTÉ DE NAVIGATION MIXTE.

La création de cette Société date de 1850; créée avec un faible capital, elle débuta dans des conditions merveilleuses de prospérité, malheureusement sa situation actuelle ne répond pas aux espérances conçues.

On ne peut plus se faire d'illusions sur les succès des Compagnies de navigation, elles sont jugées par leurs tristes résultats ; nous ne voulons pas exprimer, les impressions que nous a fait éprouver la vente des 2,800 actions de la deuxième série qui n'avaient pas fait leur versement de 50 fr. — Notre usage n'est pas de faire voir des mécomptes dans les entreprises qui auraient plutôt besoin d'encouragement. Seulement, dans la situation actuelle, les meilleures pièces justificatives que les administrateurs pourront offrir aux actionnaires, c'est, autant que possible, la conservation du capital et l'intelligence de comprendre les dangers d'un établissement qui se place sur la pente de la décadence.

FRANCO-AMÉRICAIN.

Cette compagnie offre un exemple frappant des abus de la Société en commandite. Il est bien inutile de remuer la cendre des morts. Nous en rappelons le souvenir, pour calmer, si cela est possible, le penchant dangereux à souscrire dans les émissions d'actions pour obtenir de faibles primes. L'expérience ne nous apprend-elle pas combien les bénéfices sont difficiles à obtenir dans les nouvelles entreprises ? Un jour une dame se présenta dans les bureaux de la Société franco-américaine, et s'adressant à l'un des liquidateurs, elle lui demanda combien il fallait d'actions pour être admise à l'assemblée générale des actionnaires. Le liquidateur lui répondit : Madame, il en faut vingt. Ah! reprit-elle, j'en possède deux cents, et quel est le cours actuel des actions ? 15 fr. lui dit le liquidateur. — Comment 515 fr.? — Non, Madame, le titre de 500 fr. ne vaut plus que 15 fr. Il lui montra le cours authentique du jour. La dame faillit s'évanouir. Elle se remit cependant et s'en alla en pleurant sur la perte de la plus grande partie de sa fortune.

COMPAGNIE DES EAUX.

C'est une véritable satisfaction pour nous, lorsque du compte-rendu d'une Société dont les résultats déplorables ont compromis la fortune d'un si grand nombre de malheureux, nous rentrons dans la bonne situation d'une Compagnie d'élite, dont la prospérité grandit chaque jour, qui dans le présent trouve des résultats sérieux et en perspective compte sur de plus magnifiques succès. Il ne nous est pas permis de nous livrer aux réflexions que nous inspire l'étude du compte-rendu de cette Compagnie, au surplus la meilleure manière de résumer notre opinion est d'engager les actionnaires à conserver leurs actions et même à en acheter aux cours actuels.

SOCIÉTÉ DE LA RUE IMPÉRIALE.

Nous avons un axiome, à Paris, qui peut également recevoir son application à Lyon : c'est celui de ne jamais souscrire les actions des théâtres, des journaux et des immeubles, nous ajouterons et des Compagnies de navigation.

Nous prêchons cette propagande, nos souvenirs nous permettent de croire que nous avons réussi à épargner de grandes pertes à des clients et à écarter de véritables dangers pour les souscriptions à venir.

Le temps ne nous a pas permis d'agrandir le format de cette revue, non pas que les valeurs qui sont inscrites sur la cote de la Bourse de Lyon nous soient indifférentes, mais comme elles apparaissent rarement sur le marché, ce serait à peu près inutile d'en dénoncer la déeadence ou leur bonne tendance. Une autre fois nous serons plus explicite.

Les reports.

Si nous avons indiqué la rente comme offrant plus de sécurité aux spéculateurs, c'est qu'en effet, elle offre beaucoup moins de dangers que la spéculation des chemins de fer. Qu'est-ce que le report sur les chemins de fer? un placement sans profit, et au contraire sur la rente il obtient un intérêt. La place de Paris, par la multiplicité des affaires, présente des combinaisons sans nombre; il existe une classe de spéculateurs qui jouent leur report, c'est-à-dire qui se font acheteurs par anticipation en liquidation et vendeurs fin prochain, particulièrement les agents de change de premier ordre qui ont des reports à faire en liquidation; il y a une autre classe de spéculateurs placés dans des étages moins élevés qui jouent

leurs reports dans d'autres conditions. Voici com
ment ils opèrent.

Je suppose, qu'à la Bourse de Lyon, un clien
reporte 1500 fr., chacun sait qu'il remet son argent et on lui remet un titre de 1500 fr. de rente
Il résulte de sa qualité de reporteur qu'il est possesseur d'un titre et vendeur fin courant. J'admets
qu'il est vendeur de 1500 fr. de rente à 72 fr. —
La rente baisse de 50 centimes, il achète ferme
1500 fr. à 71 fr. 50 et les revend à 72 fr. dont 50.
— Si la rente hausse il est levé, il récolte le
bénéfice du report et de la prime, ce qui produit un double bénéfice; si au contraire la rente
baisse, il reçoit le report et la prime dont 50 qui
lui permettent toujours de liquider son opération
avec un profit quelconque ; il est rare que le mouvement soit assez fort pour emporter le bénéfice
du report et de la prime. Cette opération est encore bien plus certaine quand on la fait pendant
le mois où l'on détache le coupon de 1 fr. 50,
c'est-à-dire en juin et en décembre, car alors le
reporteur prélève le report, la prime et le coupon
de 1 fr. 50.

Cette opération pourrait également se faire sur
les actions des chemins de fer de Lyon et de l'Or-

ans, mais pour ceux qui sont de l'avis d'obtenir un bon revenu sans courir la moindre chance, le offre ce danger que l'action du chemin de fer ascendant plus avant dans les profondeurs de la baisse, vous laisse également le report, la prime et le coupon qui souvent ne permettent pas de liquider l'opération sans perte.

L'avantage des reports, c'est d'avoir son capital à sa disposition, de n'être chargé d'aucune valeur. Au moment des départs pour les eaux et la campagne les affaires, chaque année, semblent se ralentir davantage et comme conséquence toutes les valeurs subissent une baisse à peu près certaine ; il est vrai que les reports sont peu productifs, mais quand surviennent les paniques, votre argent est prêt, et c'est un immense avantage d'acheter pendant les grandes baisses.

Depuis deux années environ une fraction de la clientèle de la Bourse de Paris s'est livrée à une baisse persistante, une baisse de parti pris ; l'argent des capitalistes est devenu inutile, les vendeurs ont reporté les acheteurs à plusieurs reprises. Ces vendeurs à découvert ont persisté, le report est pour eux ; et nous devons le dire, cette manœuvre a souvent réussi. Aujourd'hui cette

grave question de l'augmentation des reports e[st]
encore en instance, une partie des vendeurs con[-]
serve sa position et le capitaliste n'est plus admi[s]
à ce grand banquet des reports qui, en 1853, ob[-]
tenaient un intérêt de 10 à 15 pour %.

CHAPITRE X.

Un pacte avec le diable.

Si dans ce monde il existe une profession en dehors des atteintes de la superstition, sans contredit, c'est celle de l'homme de Bourse. Je ne dis pas qu'il relève uniquement du bon sens, mais ses idées en général sont positives, et tout ce qui ne rentre pas dans le cercle des affaires d'argent l'intéresse très-peu. Quoique attaché à cette profession, j'avoue que je me suis laissé entraîner dans une aventure dont le seul souvenir est une humiliation pour moi.

En voici l'histoire :

Un de mes amis habitait les Batignolles; il était original, moqueur et ne manquait pas d'imperfection ; dans une seule année, il avait dissipé à la Bourse l'héritage paternel. Il est vrai que, dans cette ruine, il existait des circonstances atténuantes ; il était très-laid, borgne et d'un esprit d'opposition insupportable. Pendant la durée de l'héritage paternel, il comptait de nombreux amis. Beaucoup appartenaient à cette classe d'hommes qu'on nomme des viveurs, des bohémiens ; ils avaient aidé mon ami à manger promptement son capital. Obligé de remplir un emploi pour vivre, il était entré commis employé aux écritures dans la Compagnie du chemin de fer d'Orléans, et revenu à une existence modérée, il s'était retiré modestement dans un hôtel meublé des Batignolles. J'allais le voir deux fois par mois. Chaque fois que je l'abordais, je le gratifiais du surnom d'Horatius Coclès, nom d'un Romain qui avait perdu un œil en défendant un pont sur le Tibre ; certes, ce surnom était glorieux, les Romains fuyaient dans une grande confusion, Coclès leur représenta que la fuite ne les sauverait pas, s'ils ne coupaient le pont derrière eux ; les ayant ralliés, il soutint seul l'effort des assaillants. Je ne m'explique pas pourquoi ce nom de Coclès a toujours été pris par les borgnes comme une injure. Mon ami Marius Hubert éprouvait une secousse électrique chaque fois que je lui disais : Bonjour, Horatius. Soit indifférence ou peut-être par taquinerie, je ne soupçonnais pas le danger de l'appeler par ce nom si honoré dans l'antiquité.

Un jour, nous buvions une bouteille de bière sous la tente d'un café des Batignolles. Tout à coup, sans transition, je lui dis : Mon cher Horatius, depuis trois mois je suis mécontent, rien ne me réussit, on dirait que le mauvais œil est fixé sur moi. J'ai beau jeter les dés sur le tapis vert de la Bourse, je ne vois plus sortir le double six.

Est-ce tout? me dit Marius.

Comment, je te dis que j'ai beau tirer sur la hausse ou sur la baisse, à chaque liquidation j'ai des différences à payer, me comprends-tu?

Très-bien ; en ce moment tu es sur ce plan incliné qui à chaque liquidation retranche une part dans ton actif, bravo! Dis-moi combien tu possèdes de billets de banque en portefeuille et je te rai avec précision le temps qu'il te faudra pour arriver à une ruine complète, à la misère, au suicide peut-être, car vous autres gens de Bourse, vous êtes des hommes parfaitement incapables.

— Que me dis-tu donc là? m'écriai-je.

— Je te dis qu'avant peu tu seras ruiné.

— Pardon, mon cher Horatius, on peut cotoyer un précipice, on n'y tombe pas pour cela.

— Tu me demandes mon opinion, je te la donne : tu seras ruiné.

— Pas du tout, je m'arrêterai à ma prochaine liquidation, tout sera dit, je ne remettrai plus les pieds à la Bourse.

— Allons donc, reprit Horatius avec dédain, ce n'est pas toi qui feras mentir le proverbe : *Qui a bu boira, qui a joué jouera.*

— En vérité, lui dis-je en colère, tu voudrais me faire croire que je suis un enfant ; assurément je suis très-maître de moi.

— Un joueur ! dit Marius.

— Mais je ne suis pas un joueur ; je suis un spéculateur.

— C'est une plaisanterie ; répéta Marius ; joueur ou spéculateur n'est-ce pas la même chose ? Tu es révoltant, tu ne sais donc pas ce que disaient les philosophes de l'antiquité : Quand Jupiter voulait perdre un homme, il le privait de la vue, eh bien ! mon cher, en ce moment, tu es privé de la vue ; tu n'échapperas pas à ton sort, il n'y a qu'un moyen de t'y soustraire.

— Lequel ?

— C'est de te donner au diable.

— Hem! me donner au diable, et à quel diable ?

— A Satan.

— Eh! mon pauvre Horatius, est-ce que tu crois au diable?

— Comment, si j'y crois, je l'ai vu.

— A l'Opéra?

— Mon ami, ne plaisante pas avec le diable, c'est un sujet plus grave que tu ne penses.

— Eh bien alors, dis-je à Horatius, indique-moi son domicile, j'irai y déposer ma carte, je lui demanderai une audience.

— Tu peux le voir très-prochainement, son domicile est à peu de distance.

— J'avoue que je serais très-curieux de voir le diable.

— Mais, reprit Horatius, il est original, gai, il a de l'esprit; à tout prendre, c'est un assez bon diable, seulement, il n'est pas très-ferme sur les principes; il est fidèle à sa parole, mais il l'interprète toujours à sa manière.

— Et comment me sera-t-il possible d'obtenir une entrevue?

— Le troisième samedi de chaque mois, d
Horatius, il donne des audiences dans une d
carrières de la Petite-Villette ; dans trois ou qua
tre jours, je t'adresserai une carte qui te permettr
moyennant dix francs donnés au concierge,
pénétrer la nuit dans ces carrières.

— Il habite dans une cave, dis-je à mon am

— Non, reprit-il avec humeur, son domicile
laisse pas que d'être très-effrayant, je t'en ave
tis ; avant trois jours tu recevras sous envelop
ton itinéraire, et au moyen de la pièce d'or
verras Satan.

Trois jours après cette entrevue je reçus
billet sous enveloppe et un petit cor de chasse.

La carte était rouge, elle indiquait les carrière
de la Petite-Villette, de s'adresser au concierg
de s'y rendre à minuit, et lorsqu'on aurait péné
tré dans une profondeur d'environ 200 mètre
il faudrait sonner du cor et attendre.

Le samedi 18 juin, jour du sabbat, je fis m
préparatifs, je m'armai d'une excellente paire
pistolets, d'une canne à épée, d'une lanter
sourde, et j'endossai le paletot en caoutchouc.
me disais : Je crois en Dieu le Père tout puissan
créateur du ciel et de la terre, je crois que des ang

nt pu se révolter contre lui, puisque l'Écriture ainte nous le dit, mais je ne crois pas au diable e la Petite-Villette. C'est une ignoble farce de on ami Horatius ; on cherchera à m'effrayer dans e coupe-gorge des carrières, on ne me fera pas eur, et si la plaisanterie dépassait certaines li-mites, je ne me ferais aucun scrupule de donner ne bonne leçon à mon cher Horatius.

Je me présentai à l'heure indiquée au concierge des carrières, je lui montrai la carte, je lui remis 10 fr. Il me fit entrer dans un vaste enclos, il m'indiqua les carrières et me dit : Vous voyez à travers l'obscurité ces trois grandes ouvertures, elles conduisent dans les carrières ; entrez dans la première à main gauche, ne vous trompez pas, suivez les charmilles ; la troisième a une issue qui vous conduirait à l'ancien gibet de Montfaucon. Merci, lui dis-je, je prendrai l'avenue à gauche. Arrivé à l'entrée de la carrière, je sentis un air vif et froid qui venait de l'intérieur de ces souterrains, je suivis les traces des roues de voitures et je m'enfonçai sous ces voûtes silencieuses.

Je marchais sur une poussière de 10 centimètres d'épaisseur, mais peu à peu la trace des roues s'effaçait, les voûtes semblaient s'élever; à l'aide de ma lanterne, je voyais des avenues à droite et à gauche qui se perdaient dans une immense profondeur. J'arrivai à une sorte de rotonde, je l'examinai, elle était effrayante ; les rochers dont elle était formée, noircis par le temps, en faisaient une sorte de sépulcre. Je vis un arbre vert sortir d'un rocher, son feuillage pâle, ses branches pendantes étaient réfléchies par la lumière. Cette horrible décoration me fit éprouver une sorte de terreur ; la lumière en se profilant sur ces angles faisait saillir de longues silhouettes; une chauve-souris vint voltiger autour de ma tête, l'éclat de ma lanterne la fit disparaître. La scène était mystérieuse, émouvante, sinistre, et cependant le calme de la nuit était profond, on n'entendait pas même le souffle du vent si glacial à l'entrée de la carrière ; je regardai ma montre, il y avait une demi-heure que je marchais. Je me dis : c'est ici que doit se passer mon entrevue avec Satan ; je posai ma lanterne sur une pierre, je saisis mon petit cor de chasse et je tirai un son plus ou moins harmonieux de mon instrument. A peine avais-je sonné du cor, que j'entendis dans le lointain les sons plaintifs d'un cor qui me répondaient ; les sons devinrent plus forts, plus éclatants ; je vis un nuage de poussière s'élever à une certaine distance ; à un moment inattendu un coup de feu se fit entendre, le nuage de poussière se dissipa, un bel équipage s'arrêta, il en descendit un Monsieur aidé par deux domestiques à grande livrée couleur de feu, avec des plumes de coq noires à leur chapeau.

Le Monsieur avait un habit bleu et des boutons d'or, un gilet rouge et un pantalon noir, des cheveux noirs crépus, tous les traits du Méphistophélès des peintres, il me salua poliment :

— Mon cher, me dit Satan, je suis pressé, ne perdons pas de temps : que me veux-tu ?

A la vue de cette étonnante apparition, mes idées se troublèrent ; l'aspect étrange de ce personnage, ce brillant équipage dans le fond de ce souterrain, ces domestiques à grande livrée couleur de feu, les yeux noirs, de cet homme, qui me visaient comme deux canons de pistolet, me firent perdre le peu de bon sens qui me restait.

— Est-il vrai, dis-je à Satan, qu'un jour, toi qui connaissais la puissance de Dieu, tu as osé te révolter contre ton créateur ?

— Pardon, reprit Satan avec un son de voix sonore, je ne viens pas ici pour engager une discussion théologique, tu as autre chose à me demander ?

— Eh bien ! lui répondis-je, je suis un ambitieux, la vie telle que la société me l'a faite me déplait ; je voudrais la fortune, donne-moi le secret de m'enrichir à la Bourse ?

— Signe ce papier, me dit-il, en faisant un mouvement comme s'il eût voulu humer mon âme.

Le domestique me remit un parchemin sur lequel je lus ces simples paroles : Avant trois mois tu posséderas deux millions ! mais en échange ton âme immortelle m'appartiendra.

— Je ne signe pas, je ne signerai jamais, m'écriai-je.

— Eh bien, alors pourquoi ce rendez-vous ?

— Mais je ne veux pas te vendre mon âme; faisons un bail de deux ans, si je peux m'accoutumer à ton régime, je signerai le pacte, en ce moment je ne veux pas m'engager au-delà de deux ans.

— Mon cher, reprit Satan, tu ne dois plus compter sur les hasards merveilleux de la fortune; je te confierai à l'un de mes aides-de-camp,

Molock, il habite rue du Roi-de-Sicile, n° 13, tu iras le consulter. Signe ce bail et adieu.

Je signai. Un second coup de feu partit, la voiture disparut à travers des nuages de poussière. Je repris la route de sortie, la tête perdue dans un monde de réflexions, de remords, de terreur et d'empressement à me sortir de cette lugubre demeure. Est-ce un rêve, me disais-je, une hallucination? Ma raison se perd dans cette fantastique vision. Est-ce que le prince des ténèbres se mettrait à la merci d'un simple mortel pour acheter une âme? Qu'en ferait-il de cette âme? Comment expliquer cette apparition?

Les peuples anciens et modernes ont admis le diable, cette croyance est générale; d'ailleurs, il n'est pas difficile de s'apercevoir que le plus souvent il intervient dans nos affaires; il y a tant d'événements dans la vie qui nous sont hostiles, il est clair que c'est le diable qui s'en mêle.

Après ça, comment un homme aurait-il été assez audacieux pour jouer le rôle du diable? comment aurait-il pu introduire ce brillant équipage dans ces souterrains? Ce qui m'a encore frappé c'est ce regard de feu que je me suis efforcé en vain de supporter. Fort heureusement que je suis simplement lié par un bail avec faculté de dédit dans deux ans ; une fois engagé dans les filets du diable, on ne peut plus se soustraire à ses maléfices. Ma première visite de demain sera pour l'aide-de-camp de Satan, rue du Roi-de-Sicile, 13. Je tiens essentiellement à devenir l'heureux propriétaire d'un secret qui me permette de gagner plusieurs millions. Sénèque, au milieu des richesses, exhalait son mépris pour la fortune. Je ne ne suis pas de son avis, je ne suivrai pas la morale de Sénèque. Vive la fortune, surtout à Paris, où elle produit du bonheur et de l'esprit.

Le lendemain, je me rendis rue du Roi-de-Sicile, je demandai M. Molock. Le portier me répondit : Monsieur est chez lui. Je sonnai, un petit vieillard vint m'ouvrir ; il se remit à son bureau et me regarda avec ses lunettes bleues garnies de taffetas de la même couleur. Ce petit homme avait une étrange tournure ; il portait une perruque noire, habit, pantalon, gilet noirs et cravate blanche ; il ressemblait à un huissier.

— Hé, hé, hé, te voilà, mon cher ami, me dit-il, je t'attendais ; nous avons donc fait un pacte avec Monseigneur ?

— Non pas, Monsieur, m'écriai-je, un bail de deux ans, pas davantage.

— Hé, hé, hé, continua le petit vieillard, dès qu'on a usé de cette puissance enchanteresse, qui vous donne la santé et la fortune, on n'a plus le courage d'y renoncer; on va en avant, mon cher ami, nous sommes l'un et l'autre les serviteurs du même maître, prends donc le ton familier des gens de notre caste et traite-moi comme ton égal.

— Je veux bien, répondis-je, la condition que tu renonceras à ton rire infernal; il me porte sur les nerfs; tache de t'en dispenser, je t'en saurai gré.

— Hé, hé, hé, répondit l'aide-de-camp, cela m'est impossible, c'est ma nature ; il faut que tu m'acceptes avec mes défauts et avec mes qualités, car, vois-tu, dans tous ces mondes qui nagent dans l'espace, il n'y a rien de parfait ; la perfection est sur le trône de celui qui nous a chassé du ciel!

Il y eut un moment de silence. Le vieillard reprit :

— Tu viens me demander comment il te sera possible de faire fortune, n'est-ce pas, mon fils?

— Oui, j'ai besoin de gagner un million.

— Hé, hé, hé, un million, cela me coûte beaucoup de t'en avertir, mais c'est impossible.

— Alors mon bail était inutile?

— Pardon, mon chéri, tu es un peu vif; comprends donc que pour un bail de deux ans, si notre maître consent à te faire gagner 100,000 fr. c'est beaucoup; d'ailleurs, avec nous, c'est toujours un dernier mot, c'est à prendre ou à laisser.

— Très-bien, mon cher Molock, mais dis-moi un peu les secrets de la Bourse?

— Vends en hausse, achète en baisse.

— Après?

— Paye tes différences, temps, patience, et si tu as mis sur la rouge ou sur la noire, elle sortira.

— Sapristi, c'est une insulte à la Bourse.

— Que veux-tu, mon cher, j'ai pour habitude d'appeler les choses par leur nom.

— Y a-t-il un autre secret?

— Oui, mais tu ne vis pas dans la région de ceux qui peuvent le connaître. Je t'indique celui-là, c'est le seul que tu puisses pratiquer. L'action et la réaction à la Bourse sont soumises à des lois aussi puissantes que celles qui agissent sur l'Océan. Le gain est assuré, il n'y a pas de partie sans revanche.

— Très-bien, mais je n'ai ni le courage ni la patience d'attendre; j'accepte les 100,000 fr., il me les faut promptement.

— Mon cher, dans une liquidation de quinzaine, tu auras gagné les 100,000 fr. Tu vas aller à la Bourse, tu achèteras chez tes agents de change 500 actions du Crédit Mobilier, et à la prochaine liquidation tu auras gagné la somme convenue.

— Mais, répondis-je.

— Il n'y a pas de mais, reprit-il avec vivacité, je te dis que le gain de la bataille est assuré. Adieu et va donc, mon cher petit; la fortune comme une joyeuse maîtresse ira bientôt te visiter, et dans quinze jours ton portefeuille grossira à vue d'œil, et tu seras propriétaire des 100,000 fr.

— Ah! mon cher Molock, quelle profonde estime j'ai pour toi! Quand j'aurai gagné mes 100,000 fr. il faudra que je te convertisse; ton alliance avec Satan doit t'effrayer; qui sait, par le repentir et l'expiation, tu pourrais peut-être sauver ton âme!

A peine avais-je prononcé ces innocentes paroles que le vieillard se redressa brusquement.

— Cœur de biche, me dit-il, ambitieux subalterne, pour la dernière fois ne me tiens jamais un pareil langage ; n'ouvre jamais le rideau qui cache notre passé ; va-t'en ; quand tu auras gagné la somme convenue tu me retrouveras ici, adieu !

— Ma foi, lui dis-je, je ne tiens pas à t'offenser, n'en parlons plus, à revoir.

Quinze jours après cette entrevue, je me trouvais l'heureux possesseur de la somme de 100 mille francs, gagnée en suivant les conseils du vieux Molock. Je retournai à son domicile, il était absent. Le concierge me prévint que je le trouverais le samedi suivant : c'était le seul jour du mois où il était visible.

— Eh bien ! me dit Molock en m'apercevant, que t'avais-je promis ? J'ai tenu parole, mais ne t'exposes pas de nouveau, tu serais ruiné. Cet argent est l'argent du jeu, il glisse rapidement des mains du possesseur.

— J'y veillerai, répondis-je au vieux suppôt de Satan. Maintenant, lui dis-je, sans être pleinement satisfait de ma fortune, je voudrais te prier de me rendre un service.

— Parle.

— Te serait-il possible de me faire connaître une jeune personne dont je pourrais faire ma femme? Je veux qu'elle soit belle, riche, d'un excellent caractère, et surtout je ne veux pas épouser une coquette.

— Eh! eh! eh! répondit Molock, tu es jeune, tu possèdes 100,000 fr., cherche, ce qui t'importe c'est de connaître le caractère de celle que tu épouseras; je te dirai si sous son corsage il y aura un cœur froid ou dévoué, si elle sera folle ou sage. Quant à t'indiquer une femme comme tu la désires, m'adresser une telle demande, c'est s'exposer à tous les dangers du mariage. Comment, enfant? tu ne comprends pas même le péril qu'il y a d'accepter une femme de la main des hommes et tu oses t'adresser au diable? Fût-elle la plus belle des fiancées, je ne te le conseillerais pas.

— Tu as raison, j'avais perdu la tête. Dis-moi, Molock, je voudrais satisfaire ma curiosité à ce sujet : Marius Hubert est-il mon ami?

— Marius Hubert, ton ami? répondit Molock, allons donc, il ne te pardonne rien, ni ta gaîté, ni ton aimable philosophie; quand il a besoin de toi il s'en rapproche et te flatte; quand il n'a rien à te demander, son amitié se tient à distance ; c'est une amitié parisienne qui calcule les services que tu peux lui rendre, sauf à la mettre au rebut quand elle deviendra improductive; il te trahirait sans le moindre remords.

— Mais c'est une infamie, je ne reverrai jamais Marius !

— Hé, hé, hé, s'écria Molock, est-ce que tu t'abuses à ce point de croire que l'amitié vit encore dans notre siècle? est-ce que tu conserve encore quelques-unes des illusions de ta première jeunesse? Ce serait rare et bizarre.

— J'ai un autre ami, dis-je à Molock, mais celui-là, c'est le meilleur des hommes ; je l'ai connu dès mon enfance, nous avons fait nos études dans le même collége, son amitié pour moi ne s'est jamais démentie, c'est une sainte affection, n'est-ce pas?

— Gustave Guiraud, ton ami ! Il m'est assez connu pour que je puisse te faire sa biographie. C'est un égoïste, un avare, il est plein de vanité, il s'est souvent servi de son esprit pour te nuire ; il est très en fonds de mauvaises paroles contre toi.

— Que lui ai-je donc fait, lui dis-je avec humeur ?

— Rien, me répondit-il, rien. Que veux-tu, mon pauvre ami? il y a dans le cœur des hommes des sentiments altérés par la différence des caractères; ils prennent naissance dans la vanité et une mauvaise éducation. C'est ton meilleur ami, n'est-ce pas? Eh bien, personne au monde n'a dit et ne pense plus de mal de toi.

— Oh! Molock, je hais ta science, elle me ferait prendre les hommes en horreur. Sans doute, en pénétrant dans les cœurs, peut-être n'y découvrirait-on que l'indifférence, tant de changements s'opèrent et souvent à notre insu, nous sommes si incomplets! mais enfin, quand un homme nous a donné des gages d'une sincère amitié, pourquoi n'y croirais-je pas?

— Ne te fâche pas, dit Molock, que diable, il te reste encore le meilleur des amis.

— Quel ami?

— Ton argent.

— Maudit, lui répondis-je, tu ris de tout.

— Eh! mon pauvre chéri, reprit Molock, pour nous, la plupart des affections reposent sur la vanité ou les intérêts; cela nous fait rire quand vous les prenez au sérieux.

Le lendemain je fus à la Bourse, j'achetai

100 actions du Crédit Mobilier ; en trois jours cette acquisition me produisit une perte de 20,000 fr.

Je me hâtai de me rendre chez mon notaire, je lui fis part de ma position de fortune, et lui exprimai le désir de me marier. Le notaire m'écouta avec intérêt et me promit de s'occuper de mon mariage, et surtout de me proposer une alliance honorable.

Peu de jours après, je reçus un petit billet, il me donnait avis qu'il avait à me faire part d'une affaire intéressante. Je me rendis à son étude, il m'invita à venir passer la soirée chez lui et me fit l'aveu que j'y rencontrerais la jeune personne qu'il voulait me faire épouser. L'entrevue eut lieu, je fus très-satisfait ; la jeune personne paraissait posséder des qualités charmantes ; son père me parut un excellent homme ; après une nouvelle entrevue, il voulut bien m'agréer comme un futur gendre. Mais avant d'aller plus avant, je pensai à Molock et à le consulter sur ma future et sur mon beau-père.

— Sois aussi sobre de paroles que possible, me dit Molock, j'attends un grand personnage, c'est à peine si j'aurai le temps de répondre à tes questions.

— Je veux me marier, lui dis-je.

— Eh, eh, eh, eh! fit-il.

— Ah! m'écriai-je avec un mouvement de colère, finis-en donc avec ce bêlement insupportable.

— Continue, me dit Molock.

— Mon beau-père se nomme Matignou; son appartement est situé dans la rue de Rivoli.

— Ce monsieur Matignon, s'écria l'aide-de-camp de Satan, je le connais; c'était un ancien marchand de nouveautés en demi-gros, il vendait aux marchands de la banlieue. Dans chaque facture il glissait adroitement une petite erreur; il a pratiqué cette industrie pendant vingt-cinq ans; il a vendu son fonds, et son successeur a dû supporter dans le bordereau général de la vente quelques-unes de ces erreurs.

— Mais c'est un voleur!

— Eh! mon mignon, qui te dit le contraire? répondit Molock.

— Tes réponses sont navrantes, répondis-je à Molock; chaque fois que je t'interroge sur un homme, c'est un voleur, un faux ami ou un calomniateur. Si le monde est ainsi fait, si véritablement les hommes sont tels que tu me les dénonces, cette œuvre de Dieu qu'on nomme le monde est le préau de l'enfer. Si Dieu n'a créé des hommes que pour en faire des criminels, il aurait mieux fait de nous laisser dans le néant !

— Ni toi ni moi, nous n'avons pas à pénétrer ces mystères, répondit Molock. Je t'ai dit d'être bref, quelle question as-tu encore à me faire ?

— Eh bien ! la jeune personne que je veux épouser est-elle sage ?

— Parfaitement sage.

— Sera-t-elle coquette ?

— Je ne réponds pas à cette question.

— Après tout, repris-je, j'épouse la fille, et il m'importe peu que mon beau-père possède une conscience plus ou moins pure, c'est son affaire.

—Eh, eh, eh ! s'écria le vieux Molock, je vois avec plaisir que nous sommes de la même religion, celle de l'indulgence. Voilà les vrais principes de la jeunesse d'aujourd'hui; je ne suis pas surpris si elle se donne au diable pour s'enrichir. Adieu ; je l'espère, tu renouvelleras ton bail avec Satan, il est difficile d'être plus sec et plus positif que toi.

Molock se leva et je me trouvai dans la rue du Roi-de-Sicile.

Chaque dimanche j'allais à la campagne, chez le beau-père, et je reconnaissais avec une sorte d'attendrissement que ma future possédait une âme pure, confiante, et qu'avec elle je serais le plus heureux des hommes.

Un dimanche, son père, selon les habitudes d'une vie commune, fumait sa pipe dans un vaste fauteuil de jardin, il s'endormit. J'offris mon bras à Louise et l'invitai à s'asseoir sur un banc, à l'ombre d'un vieux platane. Chose singulière, j'étais poursuivi par une sorte de remords de mon bail avec le diable. Cette position me paraissait avilissante, je me décidai à lui en faire l'aveu. ·

— Mademoiselle, lui dis-je, j'ai une confidence à vous faire : Vous avez bien voulu consentir à m'accepter pour votre mari, ma conscience me fait un devoir de vous confier un secret, c'est l'histoire d'une faute.

— Un péché mortel, me dit la jeune fille en riant?

— Écoutez-moi et surtout soyez indulgente ; car je vous le répète, c'est une mauvaise action.

— Parlez, Monsieur.

— Mademoiselle, comme beaucoup de jeunes

gens, j'ai couru après la fortune, mais au lieu d'obtenir une couronne d'or, je n'avais obtenu qu'une couronne d'épines, c'est-à-dire que rien ne me réussissait. Je m'adressai à un ami, il me parla d'un pacte avec le diable, et qu'en l'acceptant la fortune se plairait à me combler de ses faveurs. Je me rendis dans une des sombres carrières qui existent aux environs de Paris, et au milieu de la nuit, en effet, je me suis trouvé en présence du prince des ténèbres. Il m'indiqua l'adresse de l'un de ses favoris. Que vous dirai-je? J'ai suivi ses conseils, et quinze jours après j'étais l'heureux propriétaire d'une fortune de 100,000 fr. Cette situation est incroyable, elle est sincère; je le sais, elle n'est pas dans les conditions d'une scrupuleuse moralité, mais je ne veux pas vous tromper, voilà la vérité. Maintenant c'est à vous de répondre si, après une telle action, je peux devenir l'époux d'une jeune personne d'une âme aussi belle et d'un cœur aussi honnête?

— Monsieur, dit froidement la jeune fille, un tel aveu blesse profondément mon cœur et ma moralité, votre fortune n'est que le produit du jeu et du hasard, vous êtes indigne d'aspirer à ma main; vous venez de détruire pour jamais la bonne affection que vous aviez fait naître. Vous eussiez commis une faute quelconque, mon Dieu, je vous aurais pardonné. On dit que souvent, après des erreurs de jeunesse, on vaut mieux qu'avant le mariage ; mais accepter un héritage venant d'une source aussi impure, jamais ! Comment, vous avez vendu votre âme pour de l'argent, c'est ignoble ! Je crois, Monsieur, que vous êtes la victime d'une mystification, car je ne peux pas admettre une entrevue avec le prince des ténèbres ; fausse ou vraie, vous n'en êtes pas moins déshonoré à mes yeux ; fausse, elle indique chez vous la faiblesse de votre esprit ; vraie, vons seriez soumis à une horrible fatalité, et votre seule présence ferait naître l'horreur.

— Mademoiselle !

— Adieu, Monsieur, aucune parole ne me ferait changer de résolution !

J'aurais pu lui répondre que ma fortune avait une origine plus honnête que celle de son père, qu'elle n'était pas le produit d'additions frauduleuses, mais mon discrédit était complet ; c'eût été d'ailleurs pour moi une triste satisfaction ; je me rendis au café Véfour.

Je commandai un excellent déjeuner. Je me fis

servir du vin de Champagne frappé. La chaleur était excessive, j'en bus une bouteille. Je noyai mon chagrin dans les flots de cet excellent vin. En sortant de table, je fus à la Bourse. Je fis la rencontre d'un vieux banquier, possesseur d'une grande fortune.

— Que pensez-vous, lui dis-je, des actions du Crédit Mobilier ?

— Mais, me dit-il, tous les éléments qui constituaient ses bénéfices ont à peu près disparu, dans un mois il sera au pair.

Je donnai ordre à mon agent de change de vendre 300 actions. Il vendit les 300 actions. Deux jours après, dans une seule Bourse, les actions montèrent de 80 fr., je donnai ordre d'en racheter 300. Huit jours après, la baisse se déclara de nouveau, et en liquidation, ma différence à payer était de 40,000 fr. Je m'exécutai en me rappelant les prédictions de Molock. Il était trop tard. Le mal était irréparable.

Je me rendis chez le vieux sorcier ; on me dit qu'il avait changé de domicile sans laisser son adresse. Il me fallait une distraction pour m'arracher à la tristesse de mes pensées.

J'aime les beaux arts, ils exercent sur moi une

impression assez vive pour me faire oublier mes souffrances morales. C'était l'époque de l'exposition de peinture.

Je me mis à parcourir ces vastes galeries. Je m'arrêtai devant un portrait de Dubuffe ; il représentait un jeune homme décoré, vêtu d'un habit bleu à bouton d'or ; je le regardai avec une sorte d'effroi, je ne me trompais pas, c'était le portrait de Satan, ou plutôt du jeune homme qui avait joué ce rôle. Le lendemain, je me rendis chez Dubuffe, je lui racontai que j'avais eu le plaisir de rencontrer en Italie l'original du portrait n° 345 ; qu'il m'obligerait de me donner son adresse. Il me répondit : Il se nomme M. de Raynaldi, c'est le secrétaire intime du prince de Galitzine ; c'est un homme du monde ; il est très-gai et fort aimable.

Je me rendis auprès de M. de Raynaldi ; il était enveloppé dans une magnifique robe de chambre couleur de feu, avec de grandes fleurs brochées de diverses nuances. Il me reconnut et se mit à sourire.

— Vous venez pour un duel, me dit-il ?

— Non, Monsieur, lui répondis-je, mais pour obtenir une explication de bonne foi.

— Posez vos questions, reprit-il.

— Quel est l'auteur de cet infernal guet-apens dont je suis le héros ridicule?

—Votre ami, M. Marius Hubert.

— Comment a-t-il pu vous décider à vous rendre dans la carrière avec un si brillant équipage?

— Mon cher Monsieur, c'est un pari après boire, en sortant de table. L'équipage appartient au prince; d'ailleurs, on peut circuler dans la galerie comme sur une grande route, rien n'était plus facile.

— Quel était cet affreux Molock, qui demeurait rue du Roi-de-Sicile?

— C'est un commis d'agent de change et un amateur de phrénologie, il est plein d'instruction et d'expérience.

—Mais enfin, comment a-t-il pu deviner la hausse des actions du Crédit Mobilier? En suivant son conseil j'ai gagné 100,000 fr., que j'ai reperdus en grande partie; il avait deviné très-juste.

— Cela n'était pas difficile, reprit le secrétaire intime, son patron avait vendu cinq mille actions à découvert et la chambre syndicale l'avait forcé à les racheter, ce qui a produit la grande hausse qui vous a fait gagner 100,000 fr.

— Mais son opinion sur mes deux amis?

— Je vous ai dit qu'il cultivait la phrénologie, il a profondément fouillé le cœur humain, il sait que les hommes sont tous nés avec un penchant plus ou moins prononcé pour l'égoïsme, l'envie et la vanité, la science aidée de votre ami Marius a fait le reste; mais, vous le savez, la phrénologie n'est pas toujours une science exacte, elle se trompe quelquefois.

— Monsieur, j'allais faire un excellent mariage, j'épousais une jeune fille charmante, pure, honnête, elle aurait fait mon bonheur!

— Quant à ce mariage, mon cher Monsieur, je vous en demande bien pardon, vous l'avez manqué, tant mieux! c'est le vrai service que le diable vous a rendu.

CHAPITRE XI.

Conclusion.

Nous avons signalé les dangers auxquels la
Bourse de Lyon est exposée. Il nous serait possible, par de nombreux exemples, d'indiquer les
faibles bénéfices obtenus et les pertes considérables supportées par le parquet et la clientèle lyonnaise, ce châtiment passé et celui que prépare
l'avenir ne corrigerait personne. Il y a une fraction de commerçants et de petits capitalistes qui
sont invinciblement attirés par la Bourse. Dans
cette sphère de la finance, les opérations sont
simples et sans formalités, elles échappent à
l'assistance des avoués et des huissiers. Les procès lui sont à peu près inconnus; dans une semaine on peut liquider une fortune mobilière sans
le concours des notaires; si cette conquête de la

civilisation n'offrait pas des périls aussi [immi-
nents, si elle ne vous donnait pas cette vie fébrile
de l'ambition qui vous pousse à des opérations
au-dessus de vos forces, si on n'avait pas à lutter
contre les banquiers de Paris. Si la haute intelligence des affaires, la puissance du capital, le nombre des titres n'étaient pas d'un côté, tandis que de
l'autre, il n'y a que la faiblesse, des illusions, des
entrains qui s'éteignent à la moindre résistance,
si la petite spéculation n'était pas éternellement
destinée à être la proie de la haute spéculation,
si enfin l'histoire de cette dangereuse industrie
était d'hier, mais elle date de dix ans, vingt ans,
quarante ans, voilà pourquoi je ne la comprends
plus par un temps où chacun se vante de posséder en toutes choses des idées très-positives. J'ai
servi sous quatre agents de change de Paris, j'ai
vu de nombreux comptes de liquidations, tout
ce qui ne tient pas au parquet ou à la coulisse
par un lien quelconque, tous ceux qui font des
opérations pour leur compte et à découvert sont
perdus. Sur cent clients qui se présentent à la
Bourse, riches de 100 à 200 mille francs, la première année, la moitié est ruinée, découragée et
se retire ; la seconde année, il en reste vingt-cinq

luttant encore mais avec un capital profondément entamé; la troisième année, il en reste quatre ou cinq, gens d'une organisation particulière, très-habiles dans la manœuvre des primes et à se défendre des entraînements du jeu. C'est sur la multitude obscure et bourgeoise qui forme des groupes dans l'enceinte de la Bourse et sur la clientèle de province que se sont élevées les grandes fortunes de nos jours. L'or et les titres sont dans leurs mains ; l'équilibre est rompu, toute résistance est impossible. Vous croyez peut-être que les heureux propriétaires de ces millions conquis par la création des chemins de fer, par les bénéfices des fusions et par leur influence sur les cours, doivent se trouver satisfaits ; pas le moins du monde, ils ont des instincts tellement avides, que dans leur impatience d'en amasser encore, ils procèdent maintenant par érintement, pardon de l'expression, elle est admise ; dans une seule liquidation, ils ont livré jusqu'à 90 millions de titres; c'est par de tels moyens qu'ils écrasent le marché et ruinent les clients vulgaires. Cette façon d'opérer a éloigné de nombreux clients, les agents de change se plaignent de la rareté des affaires, en effet, on dirait qu'il existe un ralentissement assez marqué, mais ce n'est qu'une trêve, l'exil des petits clients ne durera pas long-temps, cette population se renouvelle sans cesse et s'exposera à de nouvelles ruines.

La principale cause des désastres de la Bourse existe dans la création des nombreuses institu-tions financières ; on parle d'en créer encore. On ne prend pas garde aux dangers que suscitent cette nouvelle féodalité. Avec nos mœurs actuelles et le besoin insatiable d'amasser des millions, tout ce qui possède des capitaux, des titres, tout ce qui a la connaissance d'avance des produits, des recettes et des dividendes des chemins de fer, tout ce qui a une influence quelconque sur la bourse est disposé à en abuser, c'est-à-dire à faire des opérations pour son compte et à coup sûr.

La Bourse de Lyon n'a pas d'opinion sérieuse sur le mouvement des fonds publics ; elle est com-plètement soumise au télégraphe, elle varie selon que le fluide électrique apporte la hausse ou la baisse. Les aspects y changent selon qu'ils chan-gent à Paris, et souvent le lendemain retire la promesse qu'il avait fait la veille, Elle a des ins-tincts financiers, des aperçus approximatifs, toujours aux prises avec des difficultés invincibles. Les opérations sur le Crédit Mobilier et même sur les actions des chemins de fer offrent un véritable péril. L'unique moyen de l'atténuer serait d'opérer sur la rente 3 p. % dès que les comptes de liquidation se règlent par des différences; par la même raison que la coulisse de Paris a renoncé aux chemins de fer et au Crédit Mobilier, la Bourse de Lyon devrait à son tour y renoncer; dans un moment d'ébranlement financier ou politique elle est dans l'impossibilité de conjurer sa ruine.

Voyez ce simple calcul.

Un client achète en liquidation 25 actions du Crédit Mobilier au cours de 850 fr.; le cours de Paris apporte le lendemain le Mobilier à 860 fr. Sachant combien cette valeur est indocile, il se décide à réaliser les 250 fr. de bénéfice; mais si au contraire la cote apporte le cours à 10 fr. de perté, il attend; le lendemain nouvelle baisse, ainsi de suite en liquidation, la différence est de 50 fr.; n'ayant pas liquidé son opération, la différence à payer est de 1,250 fr., c'est-à-dire 250 fr. de bénéfice contre 1,250 fr. de perte. On sait qu'en perte le client ne se liquide jamais, il réalise les petits bénéfices et supporte les grosses pertes et comme conséquence, dans un temps donné, ruine complète.

Mais je m'aperçois que ma thèse m'entraîne trop loin ; je crois qu'au fur et à mesure que le temps marchera, les idées vraies et saines feront aussi bien leur chemin à la Bourse que dans le monde. Presque toutes les opérations à découvert dégénèrent en une perte ruineuse ; il se peut que deux ou trois réussissent, survient la quatrième qui emporte le bénéfice. A la Bourse, il n'y a qu'un seul talisman qui puisse nous sauver, c'est l'argent ; celui qui peut lever ses titres ou livrer, peut se maintenir, sans l'argent il n'y a pas de salut possible. Cette vérité n'illuminera personne, la foule continuera de se presser autour du tableau noir où s'inscrivent en lettres blanches ses pertes et ses bénéfices. J'ai indiqué les conditions qui peuvent rendre la Bourse moins périlleuse, la nécessité de changer l'heure de l'ouverture, de faire du 3 p. % l'élément de la spéculation et d'en exclure le Crédit Mobilier, trop heureux si mes conseils pouvaient susciter de sages réflexions et tempérer cette ardeur du jeu qui non seulement éteint les instincts généreux

mais produit encore l'incapacité du travail. N'est-
il pas douloureux de voir une fraction de l'intéressante population lyonnaise se placer chaque
année sous la coupe réglée des hauts banquiers
parisiens, et leur livrer sans défense des richesses
péniblement acquises par un travail de toute la
vie. Au surplus, si mes conseils restent sans influence, en livrant ce faible tribut de mon expérience, je crois que j'aurai cédé à un noble sentiment. C'est d'ailleurs une simple visite de poli-
tesse que je vous fais aujourd'hui et que je pourrais renouveler l'année prochaine ; en attendant,
permettez-moi de vous rappeler ce que me disait
un jour un vieil agent de change :

La Bourse, telle qu'elle se pratique aujour-
d'hui, est une partie de dupes. Est-il raisonnable
de confier sa fortune au découvert? Dans une panique on s'expose à une ruine complète. Que peut-
on fonder sur ce souffle mobile qu'on nomme la
hausse ou la baisse? Rien. Le bénéfice est presque toujours le précurseur d'une grande perte.

NOTE DE L'AUTEUR.

L'auteur de cet ouvrage est obligé d'exposer à ses lecteurs qu'il a fallu adresser son manuscrit à l'éditeur de Paris. Pendant la période de l'aller et du retour, les événements ont marché. Dès les premiers jours de l'année, des bruits de guerre se sont révélés, les effets qu'ils ont produits ont été immenses, la confiance s'est évanouie, la peur a circulé avec la rapidité de l'électricité et chacun s'est empressé de vendre ses rentes, ses actions et ses obligations.

L'histoire de cette panique est celle de toutes les autres. Dès qu'il y a une trop grande surcharge de valeurs et d'affaires engagées à la hausse, aussitôt qu'un nuage apparaît à l'horizon, la Bourse qui s'était endormie avec la hausse se réveille avec une baisse effrayante. Tant que durera le système actuel de souscrire au profit de la haute banque des actions ou obligations de chemins de fer étrangers, la spéculation restera exposée à des pertes considérables.

L'auteur de ce livre rappelle cette situation pour faire comprendre que les perspectives de la Bourse ayant été déplacées, nécessairement les appréciations peuvent être en contradiction avec la situation nouvelle. Toutefois, les valeurs semblent reprendre la confiance qu'elles inspiraient, tout semblait perdu et peu de jours après tout paraît oublié. Les leçons de l'expérience sont mal écoutées à la Bourse, n'oublions pas cependant ce que disent les philosophes :

La prudence est la force du faible et le trésor du sage.

Agents de Change de Lyon.

E. Bonnardel, rue impériale, 9.

J. Bizot, rue Pizay, 5.

A. Bontoux, rue Impériale, 10.

G. Bonnet, rue Impériale, 6.

P.-L. Bouchard, place des Terreaux, 2.

H. Cellard, rue Lafont, 2.

V. Caillat, rue Puits-Gaillot, 15.

E. Duclot, rue Impériale, 22.

L. Descours, ✿ rue Impériale, 1.

G. Devienne, rue Puits-Gaillot, 7.

R. Demoustier, place de la Miséricorde, 4.

C. Durand, rue Dubois, 46.

J.-F. Ferrand, port Saint-Clair, 19.

J.-P. Guillard, rue Pizay, 3.

J. Louchon, rue Puits-Gaillot, 15.

J.-J. Legat, rue Impériale, 10.

E. Laforge, rue Lafont, 8.

F. Malgras, rue Lafont, 2.

A. Magnin, rue Impériale, 15.

A. Maire, rue Puits-Gaillot, 11.

F. Page, rue Puits-Gaillot, 3.

L. Roux, rue Puits-Gaillot, 1.

A. Rozier, rue Puits-Gaillot, 13.

F. Saunier, rue Puits-Gaillot, 17.

H. Serullas, place de la Comédie, 23.

F. Sevelinge, rue Romarin, 31.

H. Steiner, place des Terreaux, 2.

J. Tardy, place des Terreaux, 1.

L. Thomas, rue Romarin, 29.

E. Teillard, rue Neuve, 18.

Chambre Syndicale.

Syndic : M. Laurent DESCOURS , ✻

Adjoints au syndic : MM. LOUCHON , TARDY , LEGAT , PAGE , DEVIENNE , DEMOUSTIER.

M. HOLSTEIN (René), *agent comptable*, place des Terreaux, 19.

TABLE.

—

Chapitre v.

Chapitre vi.

Chapitre vii.

Chapitre viii.

www.ingramcontent.com/pod-product-compliance
Lightning Source LLC
LaVergne TN
LVHW020620200726
843508LV00002B/509